José María Sánchez-Ventura, notario y ministro

José María Sánchez-Ventura, notario y ministro

José María Sánchez-Ventura, notario y ministro

© Pablo Sánchez Garrido, José Manuel Varela Olea (eds.), 2024
© de la edición, Fundación Universitaria San Pablo CEU, 2024

CEU *Ediciones*
Julián Romea 18, 28003 Madrid
Teléfono: 91 514 05 73, fax: 91 514 04 30
Correo electrónico: ceuediciones@ceu.es
www.ceuediciones.es

ISBN: 978-84-19976-25-3
Depósito legal: M-10985-2024

Diseño de cubierta: CEU Ediciones

Impresión: Toni Burguera S.L.U.
Impreso en España

Índice

Prólogo

Alfonso Bullón de Mendoza y Gómez de Valugera
Presidente de la Asociación Católica de Propagandistas

José María Sánchez-Ventura y Pascual fue uno de los más destacados miembros de la Asociación Católica de Propagandistas, en la que ya con anterioridad se había distinguido su padre, José María Sánchez-Ventura y Gastón, director que fue de *El Noticiero* de Zaragoza, así como diputado de la CEDA por la misma provincia y alcalde de la ciudad entre 1946 y 1949.

Su vinculación con la ACdP no estuvo limitada a un momento concreto de su vida, sino que se mantuvo a lo largo de toda su trayectoria vital, pues durante su estancia en Madrid para estudiar las oposiciones permaneció en el Colegio Mayor de San Pablo, del que sería director entre 1959 y 1961, y no un director cualquiera, como ha destacado recientemente José Manuel Varela en su historia de los primeros años del Mayor, sino uno fundamental, que contribuyó a profundizar su raíces y dejó huella de su impronta. En los últimos años de su vida formó parte del patronato del Colegio Mayor, habiéndolo sido también de la Fundación Universitaria San Pablo CEU, en el que tuve el honor de coincidir con él durante varios años, siendo testigo en primera persona de la dedicación que siempre prestó al buen gobierno de nuestra institución. De hecho, cuando se produjo la inesperada muerte de su mujer, se encontraba en Oropesa participando en un patronato del CEU.

Los textos que a continuación se recogen son resultado de la jornada que en su memoria organizó el pasado 28 de septiembre de 2022 en el Colegio Mayor de San Pablo el Centro de Documentación e Investigación de la ACdP (CEDINFOR), y en que las diversas facetas de su vida fueron abordadas por José Manuel Varela, que como director adjunto del Colegio Mayor e historiador del mismo dejó constancia de la importancia de su paso por esta institución paulina; Pablo Sánchez Garrido, que como director del CEDINFOR analizó su papel en la ACdP; Carlos Gregorio Hernández, que realizó un marco histórico de la época en que le tocó vivir; Alberto Ruiz-Gallardón, que puso en evidencia la importante labor que realizara en el Ministerio de Justicia, y su hija Joaquina, quien puso de relieve su perfil humano y familiar, y en cuya persona deseo agradecer a toda su familia la donación del archivo de su padre.

Más allá de lo que puede haber supuesto para nuestra casa, lo más relevante para el común de los españoles de la biografía de José María Sánchez-Ventura es el papel jugado como ministro de Justicia del último gobierno de Franco, en el que se hallaba en compañía de los también propagandistas Alejandro Fernández Sordo y Cruz Martínez Esteruelas, presencia de miembros de la ACdP que se redujo enormemente en el último gobierno de Arias, si bien es cierto que del mismo formó parte Alfonso Osorio y que en el posterior ejecutivo el número de propagandistas aumentó enormemente, pues pasaron a ser cinco, a los que podría añadirse Leopoldo Calvo Sotelo, que si bien no era miembro de la Asociación pertenecía al grupo Tácito. Su mandato fue enormemente breve, pues tan solo duró nueve meses, y lo normal es que en tal espacio de tiempo no hubiera hecho prácticamente nada, pero ocurrió exactamente lo contrario, pues dada su condición de jurista era un excelente conocedor de cuáles eran las cuestiones que podía correr más prisa abordar. Tal y como resalta José Manuel Cuenca Toribio en el texto que escribió para el *Diccionario biográfico español* de la Real Academia de la Historia: «En su mandato se aprobó de la Ley 14/1975, de 2 de mayo –que contenía la reforma más importante realizada en la materia desde los tiempos del ministro y jurista Manuel Alonso Martínez– y se reformaron el Código Civil y el de Comercio en aspectos sustanciales relativos a la situación jurídica de la mujer casada y a los derechos y deberes de los cónyuges. Entre otras importantes innovaciones, se suprimió la necesidad de licencia marital para contratar por parte de la mujer casada. Todo ello supuso una verdadera revolución en los usos y costumbres de la sociedad española y constituyó un avance notable en el camino hacia la igualdad jurídica, social y política de hombres y mujeres». Y como amigo suyo que fui puedo dar fe de que esto es algo de lo que sentía enormemente orgulloso.

Juramento y proclamación como Rey de Juan Carlos Borbón y Borbón el 22 de noviembre de 1975. En el centro, como notario Mayor del Reino, José María Sánchez-Ventura

I

El ministro de Justicia, notario Mayor del Reino

Alberto Ruiz-Gallardón Jiménez
Ex ministro de Justicia

Muchas gracias querido Alfonso Bullón de Mendoza, querido presidente de la Asociación Católica de Propagandistas y del Patronato del Colegio Mayor Universitario San Pablo; querida Joaquina, es un auténtico honor, de verdad, personal para mí, el que hayáis tenido la curiosidad de invitarme a compartir este acto con vosotros, sin más título que haber podido heredar a tu padre en esa responsabilidad realmente extraordinaria, como uno de los ministerios del Estado, que es el Ministerio de Justicia, y como luego diré que lleva aparejada otra función; extraordinariamente importante, que es ser el notario Mayor del Reino.

Saludo al director del Colegio Mayor, al director adjunto y al director del Centro de Documentación, Investigación y Formación, a todas las autoridades académicas y a todos ustedes; y felicito, felicito de verdad, querido presidente, querido Alfonso, a esta institución por esta iniciativa de recuperar no solamente el legado documental, no solamente, elementos que nos traen a la memoria lo que fue uno de los grandes servidores del Estado que ha tenido España, sino, sobre todo, por hacer homenaje a quien en todo momento y en toda su vida entendió su dedicación a la política, no como una ambición personal, sino como un servicio a su nación y por lo tanto, como un servicio a sus conciudadanos.

En política se puede pasar inadvertido –pues los que suelen pasar inadvertidos suelen ser los que más tiempo duran en política– o se puede ser protagonista; y se puede ser protagonista por estar en circunstancias y momentos excepcionales (aquello que sepáis hoy, iluminó momentos estelares de la humanidad) o por voluntad propia o por capacidad de decisión propia y por liderazgo propio. Bien, José María Sánchez-Ventura tuvo esas dos condiciones; es protagonista de la historia de España, en primer lugar, por su propia iniciativa. En ese relato fantástico, que Carlos Hernández nos ha hecho apasionante y precipitado… creo que a todos los que estábamos escuchando nos daba vértigo oír las cosas que ocurrieron aquel año de 1975, durante no muchos meses, durante un periodo relativamente corto de tiempo, la cartera del viejo Palacio de San Bernardo, del Ministerio de Justicia, lo ocupó José María Sánchez-Ventura.

Y, sin embargo, en esos meses dejó una huella absolutamente extraordinaria, que todos los que hemos tenido el honor de ocupar el despacho que él ocupó, inmediatamente fuimos conscientes de que nos condicionaba para aumentar nuestro nivel de exigencia sobre nuestro propio trabajo.

Me van a perdonar que les cuente una anécdota del carácter personal, de cómo conocí yo, a tu padre, querida Joaquina, al ministro José María Sánchez-Ventura:

Corría el año 1975, aquel vertiginoso 1975, y yo estaba en esta Casa estudiando primero de derecho; tenía como compañero y como mejor amigo –que ya lo habíamos sido muchos años antes de nuestra compartida formación en la Compañía de Jesús, en el Colegio Nuestra Señora del Recuerdo– a José María González Zapatero –hijo de Eleuterio González Zapatero– que fue subsecretario con tu padre, durante todo el tiempo que estuvo en el ministerio y después en 1976, Fiscal General del Reino. Aunque, paradójicamente, antes de que se aprobase la Constitución, el Fiscal General del Reino –cuando se aprueba la Constitución, el Fiscal General, dejó de ser del Reino para pasar a ser del Estado– que es una de esas incongruencias de la aprobación de la monarquía que algún día alguien nos tendrá que explicar.

Creo que, la ley más importante que le debemos los juristas españoles y toda la sociedad y de forma muy especial, las mujeres de España, a la labor ministerial de tu padre, fue la reforma del Código Civil.

La reforma del título preliminar del Código Civil y de otros artículos llevaba aparejada también la modificación de los otros artículos en el Código de Comercio, pero se centraba fundamentalmente en acabar con la dependencia que la mujer –a partir del momento que contraía matrimonio– tenía de su marido en temas mercantiles, en temas económicos, en temas en disposición de bienes; y que prácticamente lo limitaba para poder ser un actor autónomo dentro de una sociedad que, como bien se ha dicho aquí a ustedes esta tarde empezaba a cobrar un protagonismo pujante a través de sus clases humildes.

Esa había sido una reivindicación histórica que se había planteado por muchos juristas, y recuerdo ahora que desde 1958 no tenía –tengo que decirlo– como ahora se puede pensar en el feminismo un componente ideológico, puesto que su mayor defensora fue Mercedes Formica, una de las grandes juristas que ha tenido este país y que venía directamente desde su conocimiento personal en la colaboración con José Antonio Primo de Rivera, de Falange Española y que fue quien aquel año defendió públicamente contra viento y marea, la necesidad de equiparar a las mujeres y los hombres, en cuanto a su capacidad para no solamente el tráfico mercantil, sino para adoptar actos decisivos en todas las relaciones sociales.

Pues bien, José María González Zapatero y yo –haciendo, no sé si tráfico de influencias, pero desde luego abuso del hecho de que don Eleuterio fuera Subsecretario de Justicia– conseguimos dos invitaciones para entrar en aquel debate en el mes de marzo de 1975.

Y esa primera vez que yo entré en el Congreso de los Diputados. Por aquel entonces todavía se denominaba Cortes Generales. Naturalmente, fuimos a la tribuna de invitados al palco más alto, más alto, más alto, que había, pero fuimos aquellos dos alumnos con una curiosidad extraordinaria, a ver qué es lo que allí ocurría.

Era la primera vez que veíamos cómo se desarrollaban las Cortes. Nos llamaba la atención que todos los diputados que representaban al Sahara español, y a otras posesiones españolas, jamás votaban, siempre se abstenían.

Cuando yo le pregunté después a mi padre, y ¿cuál es?, ¿cuál era la razón? Me dijo: «Mira, si se lo preguntas a ellos te dirán que la verdad es que como no quieren ser españoles, pues no quieren participar en el proceso, pero esa no es la verdad. La verdad es que no se enteran de nada, pero para no equivocarse, prefieren abstenerse siempre».

Pero en aquella sesión de Cortes, tu padre, Joaquina, pronunció un discurso, sencillamente formidable; un discurso que, si no fuera porque después esa palabra ha sido secuestrada y me atrevo a decir que, prostituida por sectores muy sectarios de esta sociedad, pero fue el discurso que representó el mayor progreso, el mayor avance que con relación a la situación jurídica de la mujer se había producido en España desde que se había aprobado el Código Civil en tiempos del también ex ministro Alonso Martínez.

Y aquello tengo que decir que por supuesto, a mi amigo José María por razón que su padre, directo colaborador del tuyo, se sentía absolutamente orgulloso, pero yo, que solamente estaba ahí por mi amistad con él, me sentí igual de orgulloso, aunque mi padre, que también conocía y admiraba al tuyo, no tanto como mi suegro, José Utrera Molina, que ha sido mencionado aquí, aunque no coincidieron en el Gobierno, porque él salió precisamente en la crisis en la que junto con Licinio y otros ministros, en marzo de 1975, cuando abandonaron el gobierno fue cuando entró tu padre, pero que después siempre conservaron una extraordinaria amistad, afecto, admiración y se acompañaron después durante muchísimos años.

Pero yo me sentí orgulloso, me sentí orgulloso de ser espectador, porque no era cosa distinta, de una España que despertaba, de una España que, de verdad, por encima de la dialéctica, por encima del lenguaje, con hechos concretos, entraba por la puerta grande en la Modernidad; una España que se daba cuenta del papel de dignidad que la mujer tenía que tener la sociedad y que, por lo tanto, tenía que tener esa capacidad jurídica, esa autonomía que le permitiese convertirse en un actor dinamizador de una España moderna, que es lo que tu padre defendió en aquel discurso; y a raíz de aquel, a raíz de aquello, pues probablemente –tengo que decírtelo– yo me quedé con dos ideas en la cabeza: una, mi admiración por la justicia y otra, mi admiración por el parlamentarismo.

Después tuve el inmenso honor de suceder a tu padre muchos años después en el Ministerio y tengo que decir que desde luego aquello fue algo que recordé el mismo día que tomé posesión.

No fueron esos los únicos legados que José María Sánchez-Ventura y su equipo hicieron en aquel año dificilísimo de 1975 que, insisto, de forma tan brillante nos ha relatado Carlos Hernández. Además, fue plenamente consciente de que el mayor factor de competitividad para una España que necesitaba desarrollarse económicamente, por encima de infraestructuras, por encima incluso de cualificación profesional, era la seguridad jurídica. La seguridad jurídica como el evento más determinante de que en un mundo globalizado, se organicen las inversiones en nuestros territorios.

¿Y qué hizo?, pues introdujo la obligatoriedad de los empleados asesores en las sociedades mercantiles. Para que, lo que hasta entonces habían sido errores permanentes, generables de litigio, imputables al desconocimiento de la norma por parte de los gestores de nuestras sociedades anónimas y limitadas, no fuese posible que prosiguiese como consecuencia de la obligación legal de tener un asesor, un letrado, que les informase de cuál era la vigencia de legislación existente.

Hubo también que dictar legislaciones, no digo difíciles, sino de defensa de todos los españoles. Estoy pensando en la legislación terrorista, una legislación que, sin duda ninguna, se hizo para proteger a nuestras fuerzas y cuerpos de seguridad, para proteger nuestros militares y para proteger a todos los servidores públicos.

Y no quiero olvidar tampoco, porque creo, que esa es de las cosas, que se guardan en la memoria de homenaje de un ministro que firmó el decreto de indulto de noviembre de 1975, en el que como consecuencia de la proclamación de don Juan Carlos de

Borbón y Borbón como Rey de España, se redujeron de forma muy significativa las penas a todos los presos españoles.

Pero como decía antes, estas fueron algunas –y el tiempo es breve, se ha dicho aquí– de las facetas en las que él fue protagonista, impulsor, director de equipos, actor; hay otras en las que fue, no solamente testigo, sino que fue notario, notario Mayor del Reino, como corresponde al ministro de Justicia; y acontecimientos que, desde luego podemos decir, que quedan claramente para la historia; en muy pocos días firmó tres actas que cualquier estudioso de la historia de España habrá de tener siempre presente y su incorporación para el generosísimo legado que se ha hecho esta casa, desde luego, la enriquece documentalmente de una forma extraordinaria.

En primer lugar, la muerte de quien hasta entonces y durante cuatro décadas había sido el jefe del Estado: el general Francisco Franco. Y simultáneamente, que se olvida muchas veces, porque así lo obligaban, las Leyes Fundamentales, la Constitución del Consejo de Regencia, que fue el que asumió todos los poderes entre el *ínterin* de la muerte del anterior jefe del Estado y la proclamación del Rey Juan Carlos, como Rey de España y, consiguientemente, como Jefe del Estado.

La segunda, el juramento de Juan Carlos de Borbón y Borbón legítimo heredero de la dinastía histórica, como reza textualmente nuestra Constitución, como Rey de España y Jefe del Estado; esa foto está en la memoria para todos nosotros. Y más lo está, para aquellos que después de ese acto de juramento nos acercamos a la Plaza de Oriente al primer acto público del Rey Juan Carlos como Jefe del Estado, sencillamente para trasladarle con nuestra presencia, nuestra esperanza en esa nueva España que surgía directamente con su reinado.

Y tercera, de las sagas que pasarán a la historia, sin duda alguna, la inhumación de Francisco Franco en el Valle de los Caídos, dejando así constancia de cómo un país tiene que despedir a sus jefes de Estado; y esperemos que eso no quiebre nunca la historia futura de España. Por lo tanto, José María Sánchez-Ventura fue mucho más que el notario Mayor del Reino, fue el notario que dio fe en la transición política en España, y ese es un título que a todos tiene que llenar de orgullo.

Termino; cuando después tuve ocasión de conocerle, él siempre me recordaba que cuando asumí la Presidencia de la Comunidad de Madrid, que había sido Delegado del Gobierno en el Canal de Isabel II. Cuando el Canal de Isabel II, no dependía de la Comunidad, no existía, sino de la Diputación y del Estado. Y él fue, después volvió, en el ejercicio de su profesión –ganada por oposición– notario y terminó como notario de Madrid hasta el día de su jubilación.

Termino por donde empecé, si hay dos cosas que caracterizaron la dedicación pública de José María Sánchez-Ventura fue en primer lugar, no dedicarse, no utilizar la política para servirse, sino para servir.

Por su profesión, por su valía, por su talento, cualquier cargo público que ocupó, era sin duda un sacrificio, un servicio y una merma de ingresos económicos con relación a lo que habían sido sus justos títulos adquiridos por mérito y capacidad dentro de la vida civil y, sin embargo, aceptó siempre ese servicio; la política como servicio.

La política, en los momentos difíciles, como decía Dionisio Ridruejo «a la política no hay que ir cuando las cosas van bien y para ganar, porque eso es muy fácil y van todos, hay que ir cuando las cosas van mal, difíciles y para perder». Y desde luego, lo hizo José María Sánchez-Ventura. Y una segunda condición que en este mundo que vivimos actualmente me parece necesario señalar: la búsqueda de excelencia. La exigencia, la autoexigencia en primer lugar y desde la autoridad que te da el exigirte a ti mismo más que nadie, la exigencia también a tus colaboradores; pero la búsqueda de la excelencia, huir de la mediocridad y la búsqueda de excelencia, no para beneficio propio, sino para mejorar el servicio a los demás.

Ese servidor público que siempre buscó la excelencia para contribuir con su trabajo al servicio de España y los españoles, es el modelo que tenemos en José María Sánchez-Ventura.

Muchísimas gracias.

Archivo General de la ACdP. Fondo Sánchez-Ventura

II

Un perfil humano y familiar

Joaquina Sánchez-Ventura García de la Mata

Buenas tardes a todos. Excelentísimo Señor Presidente de la Asociación Católica de Propagandistas, Don Alfonso Bullón de Mendoza; Excelentísimo Señor Don Alberto Ruiz-Gallardón; Director del Colegio Mayor, Don Carlos Hernández; Director del Centro de Documentación, Don Pablo Sánchez Garrido; Director Adjunto, Don José Manuel Varela, que gracias a tu apoyo y esfuerzo estamos hoy aquí; y estimadas Autoridades, Propagandistas, y amigos aquí presentes.

Mis primeras palabras, han de ser un largo capítulo de gracias. Gracias muy rendidas y sinceras, al Presidente de la Asociación, Don Alfonso Bullón. Mi gratitud, a Don Alberto Ruiz-Gallardón. Alberto: eres uno de los Políticos, mejor valorados de España –Alcalde, Presidente de la Comunidad de Madrid, ministro de Justicia y notario Mayor del Reino–; es un honor para mí que estés aquí, para hablar de mi padre. Además, tus suegros, eran grandes amigos de mis padres.

Y mi agradecimiento, a todos los aquí presentes, que avalan este homenaje.

Querido Presidente: muchísimas gracias por el honor y la gran satisfacción que me habéis proporcionado, para que colabore en el homenaje a mi padre, en el primer Centenario de su nacimiento que ha organizado la Asociación Católica de Propagandistas.

Y la facilidad para poder entregar la documentación que mi padre fue acumulando a lo largo de su vida, para que queden en los Archivos del ACdP, como legado para futuras generaciones.

Y gracias por haberle asignado una sala con su nombre, para que perdure su Memoria, dentro de la Asociación y el Colegio.

Como hija, me siento muy orgullosa del padre que he tenido, y del servicio que él ha prestado a España y a la Asociación.

Después de una larga trayectoria profesional como notario, y de una intensa vida Política, sin lugar a duda, de lo que hablaba con más cariño y orgullo, era de su etapa como Director del Colegio Mayor; y de haber sido, por tantos y largos años, Patrono de la Fundación y del Colegio.

Dios le favoreció con una Memoria Privilegiada. Y de una gran facilidad palabra, que unido a su rapidez para escribir a máquina –que aprendió, durante su infancia con el método para ciegos (Louis Braille)– le favoreció para sus distintas actividades a lo largo de su vida.

Desde muy joven, a través de su padre, Don José María Sánchez-Ventura y Gastón –que también fue propagandista hasta su fallecimiento– su vida estuvo activamente ligada a esta Asociación.

El 9 de septiembre de 1944, con 22 años, asistió como acompañante de su padre, a la Asamblea General de la Asociación, que tuvo lugar en Loyola, donde, Don Fernando Martín-Sánchez anunció la aprobación del Colegio Mayor por el Ministerio de Educación.

El Colegio Mayor era para Don Fernando, la «Perla de sus ilusiones de Intelectual y de Apóstol». Esperemos verle pronto en los Altares, como predijo mi padre en el prólogo del libro *Ideas Claras*.

Os voy a relatar un pequeño resumen de su vida:

Dice mi padre en sus *Notas*:

> Desde que entré en el ocaso oficial de la jubilación, he utilizado el título de «Notas de un notario Mayor», para resucitar, recopilar y ordenar, los numerosos apuntes, borradores, artículos, conferencias, y en definitiva «Notas» que sobre la función de notario, y

sus facultades de «dador fe» han ido enriquecido mis aficiones y mi vocación de Jurista.

Privilegiado por el depósito, que en mi caso particular, resultó enriquecido por la circunstancia política, de haber tenido el honor, de ejercer durante algún tiempo, en circunstancias Históricas verdaderamente Excepcionales, la máxima autoridad que corresponde al ministro de Justicia, en su condición de notario Mayor del Reino.

Recogeré aquellos sucesos sobre los que tengo derecho a expresar una opinión, porque los viví de cerca, porque conocí a los *protagonistas,* y porque incluso, contribuí personalmente a su preparación o realización.

Algunos de los cuales, por voluntad de la Providencia, que yo no pedí, ni busqué, resultaron de trascendental importancia, para la vida, y la Historia de España.

Porque la Historia, es la perpetuación de la Memoria, y gracias a esa posibilidad de conservación del pensamiento, y del hecho, de que más allá de la muerte, de cada individuo; los hombres sucesivos, los descendientes, pueden beneficiarse, de la experiencia de sus antecesores, «Y, por lo tanto, pueden incrementar, el número y la calidad, de su bagaje intelectual».

Haciendo posible la rapidez en el aprendizaje, de los que otros, ya supieron, y facilitando, la labor de investigación sobre hechos y reflexiones, hasta entonces, nunca conocidos.

La historia, es maestra de la vida, su experiencia, tanto ha de servirnos para aprender, lo que hemos de hacer, como para saber, lo que hemos de evitar.

La Escritura inició la Historia. La Escritura esculpe las Palabras, en algo material, por lo que consigue vencer los obstáculos, del Espacio, del Tiempo, del Olvido, y de la Mala Fe.

Y el notario, es el Escultor de las Palabras. Las Fija en una materia perdurable, para que no se volaticen, en el Olvido. Esa Escultura de las Palabras es el Documento.

Los Gobiernos, que realizan una parte importante, de la Historia de los Pueblos, se sirven de los Documentos Notariales, para dejar constancia, de los acontecimientos Históricos.

Y continúa mi padre diciendo:

Fue mi padre, Don José María Sánchez-Ventura y Gastón, fundador del Centro de Zaragoza, de la Asociación Católica Nacional de Propagandistas, y gran amigo de Don Fernando Martín Sánchez, y de Don José María Pemán, también Propagandistas; quién me consiguió, el ingreso en el Colegio Mayor de San Pablo, que se iba inaugurar en el Curso de 1949-1950.

Porque había contribuido, muy decisivamente, a que el Colegio se construyera, mediante el Crédito que la Asociación, obtuvo de la *Caja de Ahorros de Zaragoza, Aragón y Rioja,* hoy *Ibercaja,* de la que mi abuelo era Consejero.

También, por la influencia de mi abuelo, las *Religiosas Angélicas,* hicieron el sacrificio de encargarse de la administración y del funcionamiento material del Colegio Mayor, cuando este se inauguró. Su fundadora Santa Genoveva, por gratitud y amistad, con mi Abuelo, dispuso en su testamento, que en la Cripta de la Casa Matriz; *La Hospedería del Pilar* de Zaragoza, se enterrasen, juntos a los suyos, los restos mortales de mis abuelos.

Mi padre fue colegial, de la Primera Promoción del Colegio; y como colegial, asistió a su Inauguración Oficial, el 7 de Marzo de 1951, festividad de Santo Tomás de Aquino.

Cuando ingresó, como Colegial del Colegio Mayor, ya era Licenciado en Derecho, y había ganado su primera oposición como Vicesecretario Letrado del Banco Bilbao.

Y, además, estaba ejerciendo, el cargo de Director de la Mutualidad General de la Previsión de la Abogacía, que creó, junto a Don José Bastos. Curiosamente, acabó su vida profesional, como Defensor del Cliente en el BBVA.

En relación con la Mutualidad, y la actividad profesional que mi padre desarrolló durante veintisiete años, es de destacar su aportación como autor del libro *La Seguridad Social de la Abogacía*.

Este trabajo fue galardonado con el Primer Premio, en el Concurso Internacional, organizado, con motivo del *Primer Congreso de la Seguridad Social de la Abogacía*, celebrado en Argentina, en 1974.

Al poco tiempo de estar de estar en la Dirección de la Mutualidad ganó las oposiciones de notario, sacrificando su vida familiar, pues trabajaba de día y estudiaba de noche.

Continúa mi padre en sus notas:

Nada más tomar posesión de la Notaría de Mayorga, Don Federico Silva Muñoz, Patrono del Colegio Mayor San Pablo, me llamó, para que me hiciera cargo, de la Dirección del Colegio Mayor, por tres meses, hasta terminar el Curso Académico de aquel año 1958.

Como colegial, que había sido yo, desde su creación, no podía negarme, a un requerimiento tan amistoso, como apremiante, y aquellos tres meses, se convirtieron en 4 años.

Unas oposiciones entre notarios le estaban esperando, y no tuvo más remedio que ceder sus poderes a quien estaba perfectamente preparado para recibirlos: Don Jacobo Cano.

Continua mi padre:

Estando de notario en Torrelavega, fui llamado de nuevo, por Don Federico Silva, para hacerme cargo, como Delegado del Gobierno del Canal de Isabel II.

Es entonces, cuando decido, entrar en Política, pero no, para «ser Político».

La Vocación Política, no es una Profesión, sino un Servicio.

La palabra «Servicio», tiene vestiduras humildes, pero puede presumir de ejecutoria antiquísima, y del más noble linaje.

La Vocación de Servicio a los demás, ese es el verdadero sentido del Poder.

El que se contiene, en la recomendación del Evangelio San Mateo, que se lee el día de Santiago, Patrón de España. «Que el más grande, sea vuestro servidor».

No el más grande, claro está, por sus virtudes objetivas o personales, que lógicamente debe de tenerlas, en grado superlativo, sino el más grande porque ha sido investido, revestido por sus mandantes, de esa grandeza de servidumbre.

La Autoridad, el mando es un «Servicio».

El Director del Colegio mayor San Pablo toma la palabra en presencia del Presidente de la ACdP Francisco Guijarro, del Capellán Francisco Cornejo y de su predecesor Isidoro Martín

Sánchez-Ventura en su despacho de Isaac Peral 58

No es una paradoja afirmar que el poder es una esclavitud.

Por lo tanto, la Política es: «La Vocación de Servicio a los demás, poniendo generosamente, sus talentos al Servicio, de la Sociedad y de la Patria. Y como medio, para contribuir generosamente, al Bien Común».

Mi padre decía:

Yo, nunca busqué la Política.

Quienes podían hacerlo, lo hicieron, así, y por ello yo la acepté, con Humildad, Espíritu de Servicio, y deseando que mi contribución fuese Útil, Acertada, Sacrificada, y Corta. Y Dios quiso que así fuera.

Y como buen Propagandista, estuvo siempre dispuesto a prestar sacrificadamente, y desinteresadamente, cuantos servicios le fueran solicitados.

Durante su etapa en el Canal de Isabel II se hicieron obras, más importantes en cantidad y calidad, que las realizadas en los anteriores 103 años de la vida del Canal. En este período se duplicó la capacidad de embalse de Madrid. Y se aseguró que, con aquellas obras se garantizaba que hasta el año 2000 Madrid no sufriera el riesgo de las restricciones de agua.

Y en su mandato, el Canal de Isabel II fue premiado con el Título de Empresa Ejemplar, siendo este galardón el primero que se otorgaba a un Organismo Autónomo del Estado.

Continúa mi padre, en sus Notas:

> Lo que pasó por mi vida política, como ministro de Justicia, ni lo pude prever, ni lo pude desear, pienso que ocurrió, porque Dios lo quiso, y eso merece el privilegio, y la obligación de perpetuar su recuerdo y su ejemplo.

> En más de un siglo, de existencia del Cuerpo de notarios, solo han existido cuatro notarios Profesionales, que hayan sido ministros de Justicia. Hubo si más notarios, que fueron ministros, pero de otras Carteras, no de Justicia.

Como ministro de Justicia, en el año 1975, tuve el honor, y la responsabilidad de ejercer, como notario Mayor del Reino, en los acontecimientos, más importantes, de la Historia Contemporánea de España,

Tal y como ha comentado Alberto en su magnífica intervención, quedaron reflejados, en varias Actas:

El Fallecimiento del Jefe del Estado, la Jura y Proclamación del Rey Juan Carlos , y el Traslado e Inhumación, de los restos mortales de Franco, en el Valle de los Caídos.

La tarea no fue fácil, pero si apasionante. Para redactarlas, me inspiré en la Historia. Fue necesario, desplazarme al Palacio de Oriente, en cuyos Archivos, figuran la Actas, que documentan, el fallecimiento del Rey Alfonso XII.

Es interesante recordar, que desde 1833, en que falleció, el Rey Fernando VII, hasta la muerte de Franco, solo hubo dos Jefes de Estado, que murieron en el ejercicio, de sus magistraturas: Don Alfonso XII, y el propio Franco.

Otra de las intervenciones importantes de mi padre fue: La Gran Reforma del Código Civil, del 2 de mayo de 1975. Escribe mi padre:

Para un notario acostumbrado a manejar el Código Civil, tuve la fortuna de patrocinar, la más importante modificación del Código Civil, desde que, en 1888, Don Manuel Alonso Martínez (ministro de Justicia), lo hizo nacer, a la luz pública, del Mundo del Derecho.

Si a Don Manuel Alonso Martínez, como ministro de Justicia, le correspondió el honor de presentar, defender, y firmar, la ley, por la que se promulgaba, el Primer Código Civil Español; a mí me correspondió la inmensa fortuna, de presentar ante las Cortes Españolas, la modificación más importante, que ha experimentado dicho Código, en los 85 años, de su existencia, con lo que se dio un paso, hacia la modernidad.

Basta pensar, que se suprimió, la anacrónica, «Licencia Marital».

La Reforma, no solo significó, un avance importante, sino que, aun dejando amplio margen, para más progresivas modificaciones, sirvió de plataforma, y de estímulo, para seguir avanzando, en el camino de la igualdad jurídica, evitando, la discriminación entre hombres y mujeres; y los aspectos sustanciales, relativos a la situación jurídica, de la mujer casada; y a los derechos y deberes de los cónyuges. Y, por lo tanto, a su acomodación, al compás del tiempo, condicionado por los cambios de la sociedad.

En total, se modificaron cincuenta y siete artículos, del Código Civil, y nueve, del Código de Comercio.

Coincidió, esta reforma con el Año Internacional de la Mujer, proclamado así, por las Naciones Unidas. (En la Ciudad de México).

Como ministro de Justicia, también fue responsable de las Relaciones del Estado con la Iglesia, y tuvo que acudir a Roma para tener una Audiencia Privada con el Papa Pablo VI, en momento políticos complicados para España.

Y para terminar este homenaje a mi padre, quiero comentaros que: el 3 de junio de 2003 tuvo lugar aquí, en el Colegio Mayor, un acontecimiento Colegial. Se izaron, de forma oficial, por primera vez, la Bandera de España, y la del propio Colegio. Designaron como *Padrino de la Ceremonia* a mi padre y les dirigió unas emotivas palabras a los Colegiales.

Les dijo, que también él había sido un Colegial, como ellos, y que la única diferencia importante –aparte de la edad– consistía, en que él había jurado la Bandera de España cuando el servicio militar era obligatorio; y añadió: «pero para vosotros, Colegiales, que no estáis obligados al Servicio Militar, esta izada de la Bandera es como el Juramento de adhesión y de afecto a España».

En su calidad de *Padrino de la Ceremonia*, quiso hacer a los Colegiales un obsequio que les sirviera de recuerdo del juramento simbólico que acababan de prestar, con su presencia en el Acto.

Y les recitó los primeros y los últimos versos de un Poema Patriótico, que en el fondo y en la forma, no es sino una Oración al Altísimo, pidiendo protección para España.

Se trata de la *Elegía de la Tradición* de Don José María Pemán, del Año 1931. Dice así:

Me duele España en mí, como si fuera

carne en mi carne. Siento

como el temblor de un viejo tronco al viento

o al desasirse de una enredadera.

Ramas tronchadas de una Primavera

Siento en mí los sentires más amados,

Como Cristos manchados de sangre y de saliva.

Y me duele el alma, en carne viva

La mella de los siglos arrancados...

*****

Por todas esas flores

De la casa paterna,

Por toda aquella tierna Fe

De nuestros mayores,

en esta hora de angustias y dolores,

¡Piedad, Señor!, ¡Para la España Eterna!

¡Piedad, Señor!, para los malhechores

que riegan sal y ortigas por el suelo!

Pon los siete colores

De tu arco de perdón sobre los cielos.

Hunde en el polvo el odio y la arrogancia,

Siembras rosas de olvidos y perdones,

Y unge de compasión y tolerancia, labios y corazones.

Señor danos la Paz,

Acerca a los hermanos,

Abre acequias de amor en los secanos,

Y pon el agua de la vida en ellas.

Tú, que tienes el viento y las estrellas,

¡Señor de los Señores, en tus manos!

Queridos Propagandistas:

Pido a Dios, y por el bien de España, que no ceséis nunca en esta magnífica Obra de Educación y de Formación Católica.

Porque la Educación es la Sabiduría para conducirse en la Vida. Pero exige de un constante entrenamiento. Porque siempre hay algo que recordar, algo que mejorar, y algo nuevo que aprender. La Educación debe de ser una preocupación permanente en la vida del hombre.

Una vez más, reitero mi más sincero agradecimiento, y aprecio por todo lo que habéis hecho para distinguir la memoria de mi padre.

Muchas gracias a todos los aquí presentes, por vuestra atención, y paciencia.

Querido Presidente, te pido por favor, que como premio para mí misma, me permitas decir: ¡Viva España!

Franco entrega el título de Empresa Ejemplar
al Canal de Isabel II

Como ministro de Justicia con el Presidente Arias Navarro

El ministro de Justicia junto al subsecretario
Eleuterio González Zapatero

Recepción junto al entonces Príncipe Juan Carlos.
(Fotos Archivo General de la ACdP)

III

De propagandista paulino a notario mayor de la Transición y defensor de los derechos de la mujer

Pablo Sánchez Garrido
Director CEDINFOR-ACdP

Es un honor poder participar en este libro, fruto de un previo acto académico en conmemoración del centenario natal de José María Sánchez-Ventura[1], para contribuir a rememorar la figura de don José Mª Sánchez-Ventura y Pascual. Otros compañeros de capítulo en este libro glosan magníficamente su faceta de jurista, político, o de dirigente del Colegio Mayor de San Pablo, por lo que en mi intervención voy a centrarme en su dimensión de miembro de la histórica Asociación Católica de Propagandistas –en adelante, ACdP–, resaltando algunos aspectos de su

---

[1] El acto fue celebrado ACdP el día 28 de septiembre de 2022 en el salón de actos del Colegio Mayor de San Pablo, coordinado por el Centro de Documentación, Investigación y Formación de la ACdP (CEDINFOR) y por el Colegio Mayor de San Pablo. Este texto es un desarrollo de dicha intervención.

compromiso público en su eventual relación con sus convicciones éticas y social-cristianas.

Antes de proseguir, es justo hacer una obligada referencia de agradecimiento por ese importante regalo que ha hecho la familia Sánchez-Ventura al donar el archivo personal de don José María a esta casa que fue en parte su *alma mater*. Disponer de su archivo personal es en cierto modo como conservar una parte muy preciada y valiosa de su memoria y de su propia vida, ya que la donación incluye objetos personales, además de su importante documentación. Hay que decir que se trata de uno de los archivos personales de mayor importancia histórica para la historia institucional de la ACdP, pero a la vez para nuestra historia nacional, dada la trascendencia histórica de su figura. En lo relativo al fruto que puede dar dicho archivo es innecesario explicarlo, de hecho me consta que ya se está trabajando en esta labor de recuperar y difundir su memoria, comenzando por sus memorias autobiográficas, que está trabajando otro de los autores de este libro y que seguro serán de gran interés. Por tanto, como director del Centro de Documentación e Investigación de la ACdP (CEDINFOR), quiero agradecer a la familia que hayan realizado esta donación.

Volviendo a su figura, me voy a permitir introducir una anécdota personal relativa a José Mª Sánchez-Ventura. Al llevar ya unas décadas en esta memorable institución, uno tiene la suerte de haber conocido a algunas personalidades destacadas que son ya protagonistas de pleno derecho de nuestra historia nacional, como es el caso de don José María Sánchez-Ventura. Pero, si ciertamente ha sido una gran suerte haber podido recibir esa lección viva de la mejor historia de España por parte de protagonistas como él, aún mayor, si cabe, ha sido la lección de valía humana que Sánchez-Ventura irradiaba sin pretenderlo. No le traté tanto como hubiera deseado, pero recuerdo especialmente dos momentos que quiero destacar. Uno de ellos fue en 2014, cuando organizamos un acto en memoria del tercer presidente de la ACdP, Francisco Guijarro Arrizabalaga, con motivo de la presentación de un libro homenaje dedicado a su figura[2]. Para dicho acto invité a don José María al acto y él tuvo la amabilidad de participar para honrar la memoria de este compañero de la Asociación, como lo había hecho en el pasado con otros tantos compañeros –cabe destacar su participación en los homenajes a Jesús García Valcárcel, de José María García Escudero, o de Fernando Martín-Sánchez–, realzando con su presencia el homenaje hacia aquellos

---

[2] SÁNCHEZ GARRIDO. P (ed.), *Francisco Guijarro Arrizabalaga. Pasión por la Sociedad Civil.* Madrid: CEU Ediciones, 2013. El acto de presentación del libro, en el que participó José Mª Sánchez-Ventura –junto a Amando de Miguel, o el entonces presidente de Cáritas, entre otros– se celebró el 10 de junio de 2014 en el salón de actos del Colegio Mayor de San Pablo.

insignes compañeros y viejos amigos fallecidos. Este hecho nos habla tanto de su fraternal compañerismo como de su implicación para con la institución que en buena medida había catalizado su vocación de compromiso hacia la vida pública.

El otro hecho fue cuando le conocí personalmente hacia 2009, fecha en que me recibió en su señorial casa de la calle Serrano, número veinticinco, para tomarle declaración como testigo en el proceso de beatificación del Siervo de Dios Fernando Martín-Sánchez Juliá, quien fuera fundador del Colegio Mayor de San Pablo y sucesor de Ángel Herrera Oria en la presidencia de la ACdP. Don José María siempre repetía que había conocido personalmente a tres santos en su vida: Santa Genoveva Torres, San Josemaría Escrivá, y el Siervo de Dios Fernando Martín-Sánchez Juliá. Su amabilidad y atenciones en aquella visita, pese a su avanzada edad, se me quedaron grabadas. Recuerdo que después de concluir su declaración, me enseñó diversos documentos históricos que atesoraba con mimo y que hoy forman parte del Archivo Personal que nos ha sido legado, como el acta de defunción del Jefe del Estado Francisco Franco, o en la que dio fe del juramento del rey Juan Carlos I, ambos firmados por él como notario Mayor del Reino. Algunos meses después también aceptó mi invitación a participar en un homenaje a don Fernando Martín-Sánchez en Santander, celebrado en julio de 2010. Hoy lamento profundamente no haber grabado su interesante intervención en aquel memorable acto, junto a la de otros queridos propagandistas históricos de la talla del vicepresidente del gobierno Alfonso Osorio, de mi querido maestro José Luis Gutiérrez, o de los entrañables Patricio Borobio y Juan José Sanz Jarque, todos ellos ya fallecidos.

Nueva promoción de notarios. José María Sánchez- Ventura arriba en la última fila, a la derecha (Foto: AGdA)

Pero preparando este acto encontré una curiosa perla testimonial en la que don José Mª Sánchez-Ventura relata el momento en que podríamos decir que se enamora de la Asociación, hecho acaecido en julio de 1958, lo cual le llevaría a ingresar en la misma, el

6 de diciembre del mismo año[3]. Esta confesión se encuentra en un breve pero interesante artículo de 1959 donde expone a su vez la relación que él presenció entre el Colegio Mayor de San Pablo y su institución matriz: la Asociación Católica de Propagandistas. Él explica esta relación en tres etapas: una primera, en la que la ACdP funda el Colegio Mayor, pero no tiene una destacable presencia en él. Esta primera fase es la del pre-colegio durante la que Sánchez-Ventura fue lo que la tradición del San Pablo llamó un *proto-colegial*. Sobre dicha etapa Sánchez-Ventura, aún joven director del Mayor, afirma sin ambages: «En aquel precolegio y en aquellos primeros años del Colegio que yo viví como colegial, las relaciones de la Asociación como tal institución con el Colegio yo diría que fueron nulas»[4] y prosigue: «Nosotros, los colegiales, sabíamos de la existencia de la Asociación, que era la institución matriz. ¡Cómo no la íbamos a conocer!» a lo cual añade que:

---

[3]   En la ficha de ingreso de José Mª Sánchez-Ventura en la ACN de P, figura como fecha de la aprobación de su ingreso por el Consejo Nacional, el 6 de diciembre de 1958. Expediente personal de José Mª Sánchez-Ventura y Pascual, Archivo Histórico de la ACN de P, ACdP/Universidad CEU San Pablo. La persona de la ACdP que le avala, o que puede dar referencias suyas, según la ficha, es Francisco Guijarro, a la sazón, presidente de la ACdP.

[4]   *Boletín a de la ACN de P,* 15.XII.1959, p. 6. En adelante, se cita igualmente esta misma referencia.

...nos sorprendía como colegiales que aquella institución matriz que intuíamos y adivinábamos como una cosa verdaderamente buena [...] no tuviera como tal institución una relación más intensa; nos extrañaba que una Asociación de Propagandistas en un vivero, en un campo tan fecundo y tan bueno como el de un colegio mayor universitario, formado por la Asociación con el propósito de constituir y de formar una minoría selecta con capacidad de dirección en los campos universitario y apostólico no hiciera propaganda de sus ideas en aquel centro que ella había constituido...

En la segunda etapa, que comienza hacia finales de los 50, es cuando él narra fugazmente su flechazo espiritual para con la ACdP, tan solo unos meses después de su incorporación. El contexto previo de esta segunda etapa fue el de una severa crisis económica del Colegio en la que los propagandistas intervinieron eficazmente en su rescate, tras lo cual afirma:

Esta segunda etapa tiene desde otros puntos de vista más nobles una manifestación verdaderamente interesante, y es que de manera espontánea una serie de muchachos empieza a comprender lo que puede ser la Asociación, empieza a sentir algo más de curiosidad y solicita su incorporación a la Asociación. Ya tenemos colegiales que aspiran a ser propagandistas. Estos colegiales (todo esto lo he vivido y soy protagonista) asisten hace unos meses a los Ejercicios [espirituales] en La Granja, ven el espectáculo que supuso aquellos Ejercicios y concretamente la asamblea de clausura, con la elección del nuevo Presidente[5].

Se refiere aquí a la elección de Alberto Martín-Artajo como presidente de la ACdP, en julio de 1959 en La Granja de S. Ildefonso[6]. Pero prosigue Sánchez-Ventura:

… habíamos ido a la Asociación no con entusiasmo, no con plena convicción, os lo confieso; habíamos ido con curiosidad, y si queréis, con gratitud. Después de los Ejercicios, la conclusión a la que pudimos llegar fue la siguiente: no creíamos, sinceramente, que la Asociación fuera capaz de dar un espectáculo tan hermoso como aquellos Ejercicios, y aquella sesión de clausura, y aquella elección de presidente con aquella continua generosidad espontánea, sincera del propagandista, con aquel espíritu altísimo en todos para buscar el acierto por encima de amistades, buscando exclusivamente el bien de la Asociación y queriendo acertar con el Espíritu Santo. Espectáculo hermosísimo que demostraba plenamente que la Asociación

---

[5]   *Boletín a de la ACN de P,* 15.XII.1959, p. 6.

[6]   Sobre este tema, véase: BULLÓN DE MENDOZA, A. «Alberto Martín-Artajo. Rasgos de un presidente ejemplar de la ACdP», en SÁNCHEZ GARRIDO, P. (ed.), *Alberto Martín-Artajo. Pasión por el bien común.* Madrid: ACdP, 2022, p. 10.

no era una institución caduca pero llamada a desaparecer. No. La Asociación era una institución viva, que tenía todavía muchas cosas que hacer y que podía, por consiguiente inspirar en la juventud, no solo curiosidad, sino también apetencia de pertenecer a ella. Esta es la segunda etapa, verdaderamente consoladora para la Asociación de Propagandistas y para nosotros, incipientes propagandistas[7].

La moraleja actual de este texto creo que es inagotable, pero no puedo detenerme a glosar estas jugosos palabras, que no tienen desperdicio, solamente añadiré que en esos años incluso se le puso al presidente Alberto Martín-Artajo en la tesitura de disolver la Asociación por su envejecimiento, entre otros problemas, como expone el actual presidente en su texto introductorio a la obra que hemos dedicado a Martín-Artajo[8]. Sin embargo, la ayuda de estos jóvenes, tocados por una renovada fe, dio nueva vida a la Asociación y, como vemos, no tanto por la grandeza de su gloria histórica pasada, –esta solo produjo una curiosidad inicial–, sino por el espectáculo espiritual, casi litúrgico, que fueron unos Ejercicios espirituales y la conmoción que produjo en aquellos jóvenes

---

[7]   *Boletín a de la ACN de P,* 15.XII.1959, p. 6.

[8]   BULLÓN DE MENDOZA, A. «Alberto Martín-Artajo. Rasgos de un presidente ejemplar de la ACdP», en SÁNCHEZ GARRIDO, P. (ed.), *Alberto Martín-Artajo. Pasión por el bien común.* Madrid: ACdP, 2022, p. 11.

contemplar ese amor mutuo entrañable y la unidad entre sus miembros. No criticaremos la importancia de conservar nuestro patrimonio histórico, pues como vemos sirvió como cauce espiritual para picar la curiosidad de esos jóvenes y suscitar en ellos la vocación que luego les despertaron los Ejercicios. Lo que planteo es que no debemos limitarnos a meter una memorable historia como la de la ACdP bajo el celemín de una urna de cristal –mucho menos a enterrarla–, hay que ponerla en juego para que dé fruto y alumbre la estancia, como nos advierte el consejo evangélico.

Y la tercera etapa de la relación es aquella en la que la ACdP, la madre, abandona su sede histórica de la calle Alfonso XI –lo que hoy es el edificio de la COPE, un edificio que Ángel Herrera levantó desde su primera piedra– y pasa a vivir con su hija, en el actual colegio Mayor de San Pablo. De esta convivencia entre madre e hija, según plantea Sánchez-Ventura, podrían y deberían salir ambas beneficiadas recíprocamente, pues según afirma: os necesitamos y nos necesitáis, sobre todo si se acierta en profundizar esa relación de apostolado de la ACdP sobre su obra educativa. Para lo cual, me permito añadir algo con lo que seguro que don José María estaría de acuerdo: recurrir a la memoria de sus dos cofundadores: el Siervo de Dios Fernando Martín-Sánchez y el Siervo de Dios Ángel Herrera Oria.

Excmo. y Rvdmo. Padre Abad de la Basílica de la Santa Cruz del Valle de los Caídos y Reverenda Comunidad de Monjes: Habiéndose Dios servido llevarse para SI, a SU EXCELENCIA EL JEFE DEL ESTADO Y GENERA - LISIMO DE LOS EJERCITOS DE ESPAÑA, DON FRANCISCO FRANCO BA - HAMONDE (q.e.G.e.) el pasado jueves día 20 del corriente, he decidido que los Excmos. Señores Don Ernesto Sánchez-Galiano Fernández, y Don José Ramón Gavilán y Ponce de León, Primer y Segundo Jefes de la Casa Militar y Don Fernando Fuertes de Villavicencio, Jefe de la Casa Civil de S.E. e Intendente General, que acompañan a los Restos Mortales de SU EXCELENCIA, os los entreguen. Y así os encarezco los recibáis y los coloqueis en el Sepulcro destinado al efecto, sito en el Presbiterio entre el Altar Mayor y el Coro de la Basílica, encomendando al Excmo. Señor Ministro de Justicia, Notario Mayor del Reino, Don José María Sánchez-Ventura y Pascual, que levante el Acta correspondiente a tan Solemne Ceremonia.

Palacio de la Zarzuela, a las dieciseis horas del día 22 de noviembre de mil novecientos setenta y cinco.

Yo el Rey

Al Excmo. y Rvdmo. Padre Abad Mitrado de la Basílica de la Santa Cruz del Valle de los Caídos, Don Luis María de Lojendio é Irure.

Documento firmado por el Rey ordenando al Abad de la Basílica reciba los restos mortales del Jefe del Estado Francisco Franco

En fin, esta lección o moraleja de las tres etapas que nos expone Sánchez-Ventura al confesar su «flechazo» espiritual por la Asociación, nos habla de la necesidad de que las dos entidades convocantes del homenaje previo y del presente libro, ACdP y Colegio Mayor, o incluso de otras Obras educativas como el CEU, mantengan siempre activa esta relación paterno-filial precisamente para así hacer posible que en el futuro sigan surgiendo colegiales y miembros ejemplares para la historia de España, como así lo fue don José María Sánchez-Ventura y Pascual.

Esta destacable influencia histórica en la política nacional, que tiene una influencia en su formación social-cristiana en el contexto de la ACdP, queda bien reflejada en otros capítulos de la presente obra, principalmente en el del exministro de Justicia, Alberto Ruiz-Gallardón. Pero quisiera subrayar, precisamente por su eventual raigambre formativa, algunos aspectos de la aportación de Sánchez-Ventura como ministro de Justicia en la primera etapa de la Transición española, hecho que le convierte en un testigo de excepción, de hecho, en el principal testigo y fedatario en su sentido más estricto y legal, al ocupar el cargo de notario Mayor del Reino en su calidad de ministro de Justicia, por el que firma, por ejemplo, el *Acta de*

Juramento y Proclamación del Rey Don Juan Carlos I[9]. Se puede decir por tanto que nos encontramos ante «el notario de la Transición». Además de ello, realizó importantes aportaciones en el avance ético y social de la sociedad española, como la supresión de la licencia marital en virtud de la Ley 14/1975, de 2 de mayo de 1975[10]. En este sentido, su discurso de ingreso en la Academia gallega de Jurisprudencia aporta las claves interpretativas del autor de este importante avance legislativo[11]. Comienza su discurso señalando que 1975 fue declarado por Naciones Unidas, Año Internacional de la Mujer, lo que suponía un

---

[9] Véase el *Acta de Juramento y Proclamación del Rey Don Juan Carlos I, autorizada por el Excmo. Sr. Don José María Sánchez-Ventura y Pascual, ministro de Justicia, notario Mayor del Reino*. Hay una reproducción del documento en el diario *El Debate,* 15.04.2022, accesible en línea: https://www.eldebate.com/espana/20220415/nombre-cortes-queda-proclamado-rey-espana-don-juan-carlos-borbon-borbon.html

[10] *Ley 14/1975, de 2 de mayo, sobre reforma de determinados artículos del Código Civil y del Código de Comercio sobre la situación jurídica de la mujer casada y los derechos y deberes de los cónyuges, BOE* núm. 107, de 5 de mayo de 1975, pp. 9413-9419. Accesible en línea: https://www.boe.es/boe/dias/1975/05/05/pdfs/A09413-09419.pdf

[11] Sobre este tema, véase su discurso de ingreso en la Academia Gallega de Jurisprudencia de 14 de julio de 1975, titulado: «El año internacional de la Mujer y el nuevo Estatuto Jurídico de la mujer casada española», Academia Gallega de Jurisprudencia y Legislación, La Coruña: 1975. Hay acceso directo en línea: https://ragjyl.gal/wp-content/uploads/2021/06/JOSE-MARIA-SANCHEZ-VENTURA.pdf

llamamiento a la comunidad internacional para un pleno reconocimiento del papel de la mujer en la sociedad de hoy, así como hacia una «abolición de los restos que pueden quedar de antiguas discriminaciones jurídicas por razón del sexo»[12]. Según Sánchez-Ventura, estas reivindicaciones se apoyan «en un sólido fundamento de justicia y responde a una extendida e innegable realidad», pero a su vez señala que coincide con «arraigadas concepciones del Cristianismo, y más concretamente, con deseos pública y recientemente proclamados por la Iglesia católica»[13]. Se refiere, por ejemplo, al «Mensaje a las mujeres», dentro de los mensajes de clausura del Concilio Vaticano II a la humanidad[14]. En dicho mensaje se reivindica el papel de la Iglesia y el cristianismo en la tarea progresiva «de haber elevado y liberado a la mujer, de haber hecho resplandecer, en el curso de los siglos, dentro de la diversidad de los caracteres, su innata igualdad con el hombre». Este doble llamamiento civil y eclesial, señala Sánchez-Ventura, no ha dejado de tener pronta respuesta también en el campo de la legislación civil. Tras hacer un repaso del papel de

---

[12] SÁNCHEZ-VENTURA, J. M. «El año internacional de la mujer...», p. 19.

[13] Ibídem.

[14] PABLO VI, Mensajes del Concilio Vaticano II a la humanidad, «Mensaje a las mujeres» (8.XII.1965), accesible en línea: https://www.vatican.va/content/paul-vi/es/speeches/1965/documents/hf_p-vi_spe_19651208_epilogo-concilio-donne.html

importantes mujeres españolas, como Santa Teresa de Jesús, María Pita, Concepción Arenal, Rosalía de Castro o Emilia Pardo Bazán, señala que se ha dado un importante paso –no tanto en la «liberación de la mujer», pues no la considera históricamente esclava– «hacia la completa equiparación jurídica con el hombre»[15]. Sánchez-Ventura hace referencia a ciertos avances nacionales en la capacidad de obrar social y profesional de la mujer, en el ámbito del derecho público o en el foral, desde 1958 en adelante[16], pero también señala importantes limitaciones o rémoras, fundamentalmente en el ámbito del derecho privado. En este contexto general previo, y más concretamente en el de la creación desde la Comisión General de Codificación de una *Sección Especial para la Reforma del Derecho de Familia* instada en 1972 por el ministro de Justicia Antonio Mª Oriol y Urquijo, es en el que se estudia y prepara esta importante ley que propondría Sánchez-Ventura como ministro de justicia en 1975[17]. Señalaba el ministro que, sin embargo, este importante paso no debía ser el último y que él mismo seguía estudiando futuros proyectos de ley orientado hacia

---

[15] Ibíd, p. 22.

[16] Cita, por ejemplo, la *Ley 56/1961, de 22 de julio, sobre derechos políticos profesionales y de trabajo de la mujer, BOE,* núm. 175, de 24 de julio de 1961, pp. 11004-11005, accesible en: https://www. boe.es/boe/dias/1961/07/24/pdfs/A11004-11005.pdf

[17] Una comisión conformada, según señala Sánchez-Ventura, por cuatro mujeres juristas.

el mismo propósito de lograr una plena equiparación jurídica y social de la mujer.

Estos y otros destacables logros de Sánchez-Ventura se derivan de su indudable creatividad y genio personal, pero también tienen unos precedentes y unas raíces formativas que ayudan a comprender mejor tanto su persona, como las valiosas aportaciones que brindó a la historia y política españolas.

IV

1975: Sánchez-Ventura y un año crucial

Carlos Gregorio Hernández Hernández
Universidad CEU San Pablo

La España de 1975 era un punto caliente de un mundo en crisis[18]. La portada del *ABC* del 2 de enero avisaba a sus lectores de que durante aquel año tocaría apretarse el cinturón. Se dejaban sentir las consecuencias de la crisis del petróleo, iniciada en 1973 con la guerra del Yom Kippur y el embargo posterior. La tercera del día, firmada por Gonzalo Fernández de la Mora, estuvo dedicada a arremeter contra el poeta Pablo Neruda: «no cabe sectarismo superior al de un poeta politizado», escribió. De fondo aparecía la política de Chile, convulsa desde antes del golpe de Estado de septiembre de 1973. La guerra de Vietnam proseguía con un claro avance de los comunistas. Camboya también iba a caer en sus manos. El mundo, como

---

[18] Consigno en esta nota a pie mi agradecimiento a la familia de José María Sánchez-Ventura y Pascual por la donación que han realizado a la Asociación Católica de Propagandistas. Espero que ella y sus obras sabrán aprovechar ese legado.

puede deducirse de estas pinceladas, seguía inserto en las claves de la Guerra Fría.

El Portugal de la Revolución de los Claveles aparece de forma recurrente como una sombra sobre la escena española. Hoy sabemos que ambas transiciones tuvieron una diferencia fundamental: la disciplina del ejército al lado del motor del cambio en España, que no fue otro que el rey Juan Carlos. Sorprende, en todo caso, que aquellos acontecimientos, que son percibidos como mitos fundantes de las actuales democracias peninsulares, son una breve nota a pie de página en las historias que abordan la segunda mitad del siglo XX[19].

La publicidad que aparece en diarios como *Arriba*, *ABC*, *Ya* y *Pueblo* puede ser otra fuente inagotable a través de la que entender el pasado: en sus páginas aparecían los televisores en color y las cinecámaras super 8, con registro de sonido, las calculadoras programables, las ofertas de pisos en el contorno de Madrid (pisos libres de contaminación, decía un anuncio del *Ya*) y los cruceros de la empresa Meliá. José María Areilza defendía en esas fechas que, pese a que criticamos las incomodidades de nuestro

---

[19]   Puede constatarse nuestra afirmación en dos clásicos como GADDIS, John Lewis: *Nueva historia de la Guerra Fría*, Fondo de Cultura Económica, México: 2011 y WESTAD, Odd Arne: *La Guerra Fría. Una historia mundial*, Barcelona: Galaxia Gutemberg, 2018.

tiempo y los años felices se entremezclan con los terribles, «cada época sucesiva ha supuesto una mejora notable en las condiciones de vida de los más con relación al tiempo anterior»[20]. Todo lo anterior encaja con el desarrollo de la clase media que propició el franquismo y que posibilitó lo que a la postre sucedió en la España de esos años, como bien reflejó Amando de Miguel en su conocido *Sociología del franquismo*, publicado ese año[21].

A los españoles les preocupaba el crecimiento del paro, que se había incrementado hasta el 2% de la población activa, la inflación, que alcanzó el 17,02% y seguiría subiendo, y la situación de los extranjeros en Alemania, pues muchos compatriotas estaban trabajando en aquel país[22]. Las huelgas seguían siendo ilegales, aunque se sucedieron las protestas a lo largo de la geografía de España en Fasa, Firestone, Hunosa, Seat y otras empresas. Un repaso por la hemeroteca de cualquier diario nacional o provincial de 1975 ofrece un panorama de conflictos y dificultades. José María Pemán escribió esa primera semana de enero sobre la psicología del terrorismo, pues ETA golpeaba cada poco tiempo al ejército y a las fuerzas

[20]   AREILZA, J. M. «La piqueta», *ABC*, 4-1-1975.

[21]   MIGUEL, A. de. *Sociología del franquismo*. Barcelona: Editorial Euros, 1975.

[22]   BELTRÁN, C. *La España democrática (1975-2000). Economía*. Madrid: Ed. Síntesis, 2010, p. 50.

de seguridad[23]. El terrorismo no era una excepción ibérica. Fuera de nuestras fronteras menudeaban los crímenes del IRA, la Fracción del Ejército Rojo, las Brigadas Rojas y el Frente Nacional para la Liberación de Palestina, entre otros[24].

Manuel Fraga Iribarne, el embajador de España en Londres, apostaba por el entendimiento mientras recordaba a sus amigos desaparecidos. Volvería a escribir sobre este tema varias veces, añadiendo siempre al título de sus artículos la palabra reforma, con la que se le identificó[25]. La idea de reconciliación menudeó en las tribunas de todo el año y tuvo su reflejo en una de las primeras medidas del sucesor de Franco: la amnistía. Llevó la firma del ministro José María Sánchez-Ventura[26].

---

[23] PEMÁN, J. M. «El terrorismo y su reacción», *ABC*, 5-1-1975.

[24] ORELLA MARTÍNEZ, J. L. *El terrorismo en la Europa del bienestar*. Madrid: Dykinson, 2020.

[25] FRAGA, M. «La muerte de los amigos», *ABC*, 8-1-1975.

[26] El Boletín de la Asociación Católica de Propagandistas recibió al rey con un editorial, donde podía leerse «Don Juan Carlos I puede y debe ser el Rey de la Reconciliación Nacional». «Una nueva era para España», *Boletín Informativo ACdP*, nº. 2, 1976, p. 2.

La prensa aragonesa recoge las declaraciones
del ministro de Justicia

Las páginas de opinión muestran que había conciencia de fin de una época. Muchos lo explicitaron, a veces con cierta desazón o impaciencia. El país parecía preparado para abrazar unos cambios que tenían que posponerse porque Franco se mantenía con vida a pesar de su mala salud y su avanzada edad[27]. En sus manos estaba buena parte del poder político, con el agravante de que casi no podía ejercerlo. El príncipe de España le planteó en febrero a través de Laureano López Rodó una sucesión en vida. El Caudillo lo descartó[28]. Su situación se deterioró con posterioridad. El gobierno Arias Navarro llegó a redactar unos papeles donde cedía la jefatura del Estado de forma permanente, a pesar de seguir vivo. A la postre aquel año quedó grabado en la memoria colectiva como el año en que murió Franco.

---

[27] El periodista José Oneto publicó un libro sobre el año anterior, descrito como «Uno de los años más difíciles de la historia del franquismo acaba de terminar con muchas esperanzas marchitas y con muchas aperturas que no fueron». ONETO, J. *Arias entre dos crisis 1973-1975*. Madrid: Temas-Cambio 16, 1975.

[28] POWELL, C. *Juan Carlos. Un rey para la democracia*. Barcelona: Planeta, 1995, p. 133.

IV.1. Del Ministerio de Información al de Justicia

La portada del *ABC* del 31 de diciembre de 1975 se tituló «1976: España joven», junto a una fotografía de *Paris Match* en la que una chica de pocos años sostenía la portada del *ABC* con la imagen de Juan Carlos I el día de su proclamación como rey. El rostro de José María Sánchez-Ventura aparece en esa escena junto al de Alejandro Rodríguez de Valcárcel, el presidente de las Cortes. Don José María fue parte de esa imagen icónica en tanto que notario Mayor del Reino ante el que el príncipe juró las Leyes Fundamentales y lealtad a los principios del Movimiento Nacional.

El tiempo de José María Sánchez-Ventura y Pascual como ministro de Justicia transcurrió entre marzo y diciembre de 1975, con Carlos Arias Navarro de presidente. Fueron unos pocos meses, pero en la conciencia de los españoles representaron un salto adelante entre una España que languidecía y otra que aún tenía que definirse, pero sobre la que existían innumerables expectativas.

Arias Navarro había sido nombrado a raíz del atentado contra Carrero Blanco, ocurrido el 20 de diciembre de 1973[29]. El presidente era fiscal y notario de profe-

---

[29]   La presidencia de Arias Navarro llegó por descarte de otros candidatos (Torcuato Fernández Miranda, Pedro Nieto Antúnez, Girón de Velasco y Rodríguez de Valcárcel) que suscitaron algunos

sión, como Sánchez-Ventura. Estas coincidencias no pueden obviarse en la conformación de los gobiernos de la época[30]. Su mandato comenzó presentándose ante las Cortes con una declaración en la que expresó que comenzaba una nueva etapa, donde el país se encaminaría a la liberalización política. Sus palabras se conocieron desde entonces como «el espíritu del 12 de febrero». Aquel discurso generó unas expectativas que no se cumplieron. Varios incidentes salpicaron su mandato: el caso Añoveros, el llamado «gironazo», el atentado en la calle Correo, la discusión sobre las asociaciones a finales de 1974, el Congreso de los socialistas en Suresnes, la actitud hostil de Francia, que se convirtió en una plataforma para todas las posiciones contrarias al Régimen, y la destitución de Pío

---

recelos, según las memorias de uno de los protagonistas. FUENTE, L. de la: *«Valió la pena». Memorias de Licinio de la Fuente. De la Guerra a la Transición. Un periodo apasionante de nuestra historia reciente.* Madrid: EDAF, 1998, pp. 207-208.

[30]   José María Sánchez-Ventura pronunció en 2006 la lección magistral con motivo de la festividad de Santo Tomás de Aquino en la Universidad CEU San Pablo. En su intervención glosó la figura de Santo Tomás como «notario Mayor de la Cristiandad» donde también muestra su amor por el oficio y lo que representaba para la sociedad. SÁNCHEZ-VENTURA Y PASCUAL, J. M.: *Santo Tomás de Aquino: notario Mayor de la Cristiandad.* Madrid: Universidad San Pablo CEU, 2006, pp. 16 y 17.

Cabanillas, por citar solo algunos hitos que jalonan las historias del periodo[31].

Los cambios de ministros del 4 de marzo que llevaron a Sánchez-Ventura a Justicia sucedieron tras una crisis en el seno del gabinete. El presidente se enfrentó con uno de sus vicepresidentes, Licinio de la Fuente. El motivo fue la aprobación de una nueva ley que regulaba las relaciones laborales[32]. Arias Navarro tuvo que afrontar cuatro crisis ministeriales a lo largo de sus dos años en el poder. Ésta, de febrero-marzo de 1975, ha sido interpretada como la continuación de la ocurrida en octubre del año anterior[33].

---

[31] DIEGO GONZÁLEZ, A. de: *La transición sin secretos*. Madrid: Ed. Actas, 2017; POWELL, C. *España en democracia (1975-2000)*. Madrid: Debolsillo, 2002; MARTÍNEZ RODA, F. *Ni gatopardos ni suicidas*. Castellón de la Plana: Sar Alejandria Ediciones, 2018. Victoria Prego atribuye al «ministro de Justicia, Sánchez-Ventura» una petición a Tarancón para detener la pastoral de Añoveros. Sánchez-Ventura pudo realizar esa interlocución, pero aún no era ministro, por lo que nos inclinamos a pensar que pudo ser una confusión de la autora con otros hechos sucedidos en mayo y agosto de 1975. PREGO, V.: *Así se hizo la Transición*. Barcelona: Plaza & Janés,1995, p. 103.

[32] Licinio de la Fuente no menciona ningún detalle a propósito de Sánchez-Ventura. DE LA FUENTE, L. *Valió la pena. Memorias de Licinio de la Fuente. De la Guerra a la Transición. Un periodo apasionante de nuestra historia reciente*. Madrid: EDAF, 1998, pp. 220-228.

[33] POWELL, C. *Juan Carlos. Un rey para la democracia*. Barcelona: Planeta, 1995, p. 131.

La dimisión de Licinio de la Fuente fue aprovechada para cesar también a Alfredo Santos Blanco, Nemesio Fernández-Cuesta Illana, Ruiz-Jarabo y José Utrera Molina. Para sustituir a los citados entraron en el gobierno, además de Sánchez-Ventura, el ingeniero Alfonso Álvarez de Miranda, el diplomático José Luis Cerón Ayuso, el catedrático Fernando Suárez González y Fernando Herrero Tejedor, que venía de la fiscalía del Tribunal Supremo[34]. A este último le sustituyó José Solís tras morir en un accidente de automóvil durante el verano. Aquel sería el último gobierno de Franco.

En ocasiones se ha dudado de la calidad de aquel gabinete. Se le atribuye a Gonzalo Fernández de la Mora ese juicio[35]. Rafael Ansón, que en ese momento

---

[34] *Boletín Oficial del Estado*, 5-3-1975, nº. 55, pp. 4566 y 4567. Añadimos una referencia al BOE donde constan los ceses y nombramientos por la disparidad de fechas existente en la bibliografía, donde llega a retrasarse el nombramiento hasta el día 11, confundiendo nombramiento y toma de posesión. Eleuterio González Zapatero fue su subsecretario en el ministerio de Justicia. Ambos pertenecían a la Asociación Católica de Propagandistas. Su biografía en MERINO THOMAS, A. «González Zapatero, Eleuterio», *Diccionario biográfico de la ACdP*, accesible en https://www.acdp.es/biografia/gonzalez-zapatero-eleuterio/ (Consultado el 22-12-2024).

[35] Pedro J. Ramírez, por entonces en *ABC*, escribió en 1985 que la formación de aquel gobierno tuvo un escaso efecto en la opinión pública. RAMÍREZ, P. J. *El año que murió Franco*. Madrid: La Esfera de los Libros, 2015, p. 35.

era secretario general técnico del Ministerio de Información y Turismo, afirmó justo lo contrario: «Es un gobierno de gran talla porque en ese instante Franco ya no se implicaba tanto, sabía que no le iba a pasar nada hasta que se muriera y dejó hacer a Carlos Arias»[36]. Es preciso recordar que el gobierno de marzo de 1975 contaba con otras personalidades, además de las anteriores, como Pedro Cortina Mauri, Gabriel Pita da Veiga y Sanz y Cruz Martínez Esteruelas. En la foto de conjunto José María aparece serio, en un discreto lugar a la derecha.

Francisco Ruiz-Jarabo y Baquero, el antecesor de Sánchez-Ventura, permanecía en el cargo desde el 12 de junio de 1973. Es decir, formó parte de los gobiernos de Carrero Blanco y se mantuvo en los primeros de Arias Navarro. Se le identificó con la línea política más dura y contraria a los cambios. De Sánchez-Ventura, en cambio, se destacaba su talante flexible, en consonancia con el de Fernando Herrero-Tejedor, otro de los nuevos de aquel gabinete[37]. Poco antes de su

---

[36] ANSÓN, R.: *El año mágico de Adolfo Suárez. Un rey y un presidente ante las cámaras. Julio de 1976-junio de 1977.* Madrid: La Esfera de los Libros, 2014, p. 38.

[37] Antonio Carro, ministro de aquel gobierno, menciona que se pensó en primer término Herrero Tejedor para Justicia. *Franco visto por sus ministros*, Coordinación, recopilación y prólogo de Ángel Bayod, Barcelona: Planeta, 1981, pp. 356 y 358. El propio Sánchez-Ventura afirma en su intervención en la obra que creyó que su nombramiento fue fruto de la promoción del ministro

nombramiento afirmó: «A la Prensa habrá que agradecerle siempre que en este momento haya sido la que ha ido en vanguardia en el camino hacia la democratización del país»[38]. Luis Balcarce, de *El País*, explica que contuvo las presiones de los jerarcas del régimen para que los periodistas escribieran con la mayor libertad posible[39].

Sánchez-Ventura venía de ejercer como subsecretario del ministerio de Información y Turismo desde noviembre de 1974[40]. El ministro era León Herrera Esteban. Fue él quien le transmitió la noticia. Lo narró en *Franco visto por sus ministros*:

> La noticia de mi nombramiento de ministro de Justicia fue para mí, más que una sorpresa, un sobresalto. El «suspense» del acontecimiento apenas duró una hora, porque la noticia me llegó, no como un rumor ni como una oferta posible, sino como una decisión del

---

León Herrera y de su amigo Carlos Álvarez Romero, por entonces subsecretario del Presidente.

[38] *Informaciones*, 22-2-1975. Aquellas palabras aparecen matizadas en *ABC*, 6-3-1975.

[39] BALCARCE, L. *Prisa. Liquidación de existencias*, Barcelona: Foca, 2018.

[40] *Boletín Oficial del Estado*, 11-11-1974. Aquella responsabilidad implicó otras, como su ingreso en el Consejo de Administración del Instituto Nacional de Industria en sustitución de Marcelino Oreja Aguirre, que también salió de la subsecretaría.

presidente Arias Navarro que reclamaba mi presencia urgente en su despacho de Castellana, 3. El nuncio de la noticia fue mi ministro León Herrera (...). No tuve, pues, oportunidad de disfrutar las mieles de la «víspera» que, según los psicólogos y los poetas, es siempre el día más feliz. (...) Estábamos solos. León Herrera abandonó el sillón de su mesa, y se acercó a mí. De pie los dos, y con emoción contenida y un deje de forzada solemnidad en su voz, me dijo: «Te he llamado porque quiero ser el primero en darle un abrazo al nuevo ministro de Justicia»[41].

Las primeras notas de prensa haciéndose eco de los cambios recogen algunos datos clave de su biografía. *Lucha*, de Teruel, le describe como «aragonés de pro, muy amante de Teruel»[42]. *Amanecer*, de Zaragoza, que nació y estudio en la ciudad tanto el bachillerato como la carrera de Derecho y que fue procurador por ella desde 1967[43]. *Informaciones* aprovechó para recordar que había sido presidente de su matriz, Prensa Castellana, aunque también trabajó para el *Ya*[44]. *ABC*, en cambio, se decantaba por apuntar su «sólida formación jurídica», como *Arriba*, y anota que la noticia del nombramiento la recibió su esposa por estar

---

[41]   *Franco visto por sus ministros*. Barcelona: Planeta, 1981, p. 421.

[42]   *Lucha*, 4-3-1975.

[43]   *Amanecer*, 5-3-1975.

[44]   *Informaciones*, 5-3-1975.

Sánchez-Ventura fuera de su domicilio[45]. En esas biografías su obra más citada es *La seguridad social de la abogacía*, premiada en Argentina el año anterior[46]. Todos los medios destacaron su profunda religiosidad.

La toma de posesión de los ministros le sirvió a Arias Navarro para ratificarse en el espíritu del 12 de febrero: «No hay la más leve rectificación en el programa del 12 de febrero», afirmó a los periodistas[47]. Fernando Ónega decía «Es inútil buscar significaciones telescópicas a la nueva composición del Gobierno. La «línea Arias» se manifiesta tan nítida y tan congruente, y su figura tan robustecida, que la remodelación ya rindió su primer servicio: la seguridad administrativa»[48].

El nombre de José María Sánchez-Ventura y Pascual es inexcusable en las obras que hacen referencia a la transición por este nombramiento y por su presencia

----

[45]   *ABC*, 5-3-1975; *Arriba*, 5-3-1975.

[46]   SÁNCHEZ-VENTURA PASCUAL, J. M. *La seguridad social de la abogacía. 25 años de mutualismo español*, Madrid: Colegio de Abogados, 1974.

[47]   *Informaciones*, 8-3-1975.

[48]   ONEGA, F.: «El péndulo», *Informaciones*, 8-3-1975. Fernando Suárez lo corrobora: «Yo estuve convencido de que mi propio nombramiento, como el de Sánchez-Ventura, Herrero Tejedor, Cerón Ayuso o Álvarez Miranda, intentaba significar un respaldo a su aperturismo, pero comprobé pronto que la imagen no se iba a corresponder con la realidad». SUÁREZ GONZÁLEZ, F. *Testigo presencial*. Madrid: Real del Catorce Editores, 2023, p. 391.

al lado del Rey en el cambio en la jefatura del Estado, pero las menciones no pasan de lo superficial[49]. Pocos autores o protagonistas trascienden ese punto. Su obra al frente del ministerio de Justicia sigue siendo desconocida. Sus principales medidas fueron en consonancia con la línea reformista trazada por el presidente Carlos Arias Navarro en febrero de 1974.

Las memorias de los que han sido considerados protagonistas de la Transición tampoco tienen muchas referencias a Sánchez-Ventura, porque el ciclo político que se inició no incorporó a los hombres que habían gobernado con Franco, aunque fuese un tiempo breve, como sucedió con él. Por ejemplo, José Manuel Otero Novas, con el que compartía pertenencia a la Asociación Católica de Propagandistas, le menciona en sus memorias, pero sin demasiados detalles. Le incluye en una relación de los propagandistas que intentaron inclinar el franquismo hacia el humanismo cristiano en la que aparecen otros compañeros como Martín Artajo, Larraz, Ibáñez Martín, Silva Muñoz,

---

[49] Un historiador tan conocido como Paul Preston confunde su nombre –le llama José Luis– en su libro *El triunfo de la democracia en España: De Franco a Felipe*, publicado en 2018, poco después del fallecimiento del exministro. Obviamente se trata de un descuido, pues en otras obras, como su biografía del rey Juan Carlos, le nombra correctamente. PRESTON, P. *Juan Carlos, el rey de un pueblo*, Vol. 2, Barcelona: Ed. Folio, 2005, pp. 336, 339 y 343.

Ruiz-Giménez, Alfonso Osorio y Jacobo Cano[50]. Salvador Sánchez-Terán, ministro de Transportes y Comunicaciones (1978-1980) y luego de Trabajo (1980), recoge su intervención y mediación para suavizar las tensiones entre la Iglesia y el Estado[51].

La crónica de la toma de su posesión fue muy sucinta:

El nuevo ministro de Justicia, don José María Sánchez-Ventura, acompañado de los altos cargos de su Departamento, pronunció ayer, a las dos menos cuarto de la tarde, unas palabras muy cordiales de saludo a todo el personal a sus órdenes, congregado en el salón-capilla del Ministerio. Dijo que iniciaba su gestión ministerial con gran emoción y humildad. Con la emoción de ir a una casa muy querida y conocida de él y con la humildad a que el presidente del Gobierno, don Carlos Arias Navarro, recomendó en las tomas de posesión del pasado jueves. «Vengo a ser vuestro primer colaborador», agregó. «Las puertas de mi despacho estarán abiertas para todos». Al final de su breve discurso se refirió al altísimo concepto cristiano del servicio y al legítimo orgullo de servir

[50] OTERO NOVAS, J. M. *Lo que yo viví. Memorias políticas y reflexiones*, Barcelona: Ed. Prensa Ibérica, 2015, p. 38.

[51] Salvador Sánchez-Terán Hernández era subsecretario de Obras Públicas de aquel gobierno con Sánchez-Ventura. SÁNCHEZ-TERÁN, S.: *La Transición. Síntesis y claves*, Barcelona: Ed. Planeta, 2008, p. 35.

a la Justicia. El señor Sánchez-Ventura, que fue muy aplaudido, estrechó uno a uno la mano de todos los empleados que abarrotaban el salón.

La prensa se hizo eco de unas palabras suyas, en consonancia con las declaraciones de otros miembros de aquel gabinete y el sino de los tiempos: «hay que pensar más en el futuro de nuestros hijos que en el pasado de nuestros padres»[52].

IV.2. Mujer, terrorismo e Iglesia: claves de un ministerio

Al lado de la noticia de la toma de posesión de Sánchez-Ventura puede leerse que el gobierno pretendía conseguir la equiparación de derechos de los cónyuges. Este punto se logró en sólo tres meses, en el que era año internacional de la mujer a instancias de la ONU[53]. Aquella norma buscaba eliminar las restriccio-

---

[52] *Informaciones*, 8-3-1975.

[53] Ley 14/1975, de 2 de mayo, sobre reforma de determinados artículos del Código Civil y del Código de Comercio sobre la situación jurídica de la mujer casada y los derechos y deberes de los cónyuges. *Boletín Oficial del Estado*, 5-5-1975. Fernando Suárez narra que mientras el ministro de Justicia defendió la aprobación de aquella ley varios de sus compañeros y el presidente estaban reunidos discutiendo sobre la organización

nes a la capacidad de obrar de la mujer casada. A partir de entonces las españolas pudieron administrar los bienes del matrimonio y actuar en el ámbito mercantil sin la necesidad de la licencia marital. Esto se concretó en actos tan sencillos como abrir una cuenta bancaria por sí mismas. El ministro no dejó de reconocer que había que dar más pasos en un futuro próximo «en el camino de la equiparación jurídica de la mujer y de la reforma del Derecho Español de Familia»[54].

---

sindical. SUÁREZ GONZÁLEZ, F. *Testigo presencial*. Madrid: Real del Catorce Editores, 2023, p. 318.

[54] Pocas semanas después de la aprobación de la norma impartió una conferencia en la Academia Gallega de Jurisprudencia y Legislación, e incluyó en su título la cuestión de la celebración del año internacional. Su argumentación para justificar la adecuación del código se basó en la concepción de la mujer en el cristianismo. También citó reflexiones del catedrático y presidente del Tribunal Supremo José María Castán Tobeñas, aragonés como él, y a su antecesor en el ministerio, Antonio María de Oriol y Urquijo, que en ese momento presidía el Consejo de Estado. SÁNCHEZ-VENTURA Y PASCUAL, J. M.: *El año internacional de la mujer y el nuevo estatuto jurídico de la mujer casada española*. La Coruña: Academia Gallega de Jurisprudencia y Legislación,1975, p. 15.

Audiencia con Pablo VI. (Archivo CMUSP)

Audiencia con Juan Pablo II

En su toma de posesión apuntó cuáles eran sus preocupaciones, que reiteró en una entrevista posterior. En su agenda estaban:

> La preparación del texto articulado de la ley Orgánica de la Justicia, la acomodación del Derecho privado al principio de igualdad de derechos de la mujer (...), la reforma del sistema penitenciario, especialmente en cuanto a la extensión del régimen de prisiones abiertas, cuya aplicación ha tenido un éxito sorprendente en cuanto a la reincorporación social y rehabilitación de los penados [el país tenía 15.000 reclusos]; la modernización de las instalaciones penitenciarias; la reorganización de los servicios de Protección de Menores y dotación de medios y adecentamiento de las instalaciones judiciales a todos sus niveles[55].

En casi todos esos campos sucedieron avances significativos, menos en la aprobación de la Ley Orgánica de la Justicia, cuyos trámites se complicaron y acabó acudiéndose a una prórroga[56]. Otro hito importante fue Ley 39/1975, de 31 de octubre, sobre designación de letrados asesores del órgano administrador de determinadas sociedades mercantiles, pero lo que más aporta sobre el tono y la personalidad de

---

[55]   *ABC*, 23-8-1975.

[56]   Decreto-ley 14/1975, *Boletín Oficial del Estado*, 17-11-1975.

Sánchez-Ventura al frente del gobierno fue su quehacer en todo lo concerniente a la Iglesia.

Javier Tusell afirma en su estudio sobre esos gobiernos que la llegada al ministerio de Justicia de Sánchez-Ventura tuvo un efecto positivo para las relaciones Iglesia-Estado[57]. La tendencia era justo la contraria desde algunos años atrás. La jerarquía eclesiástica venía dando pasos desde el Concilio Vaticano II en su alejamiento del régimen, si bien el desenganche de una parte de las bases del catolicismo era notorio desde una etapa anterior.

Recordemos que la negociación del Concordato, para adecuar el vigente, de 1953, a las conclusiones del Concilio, se encontraba encallada. Otro tema permanente en la agenda Iglesia-Estado era la provisión de obispos para las diócesis vacantes, que el nuncio Dadaglio fue resolviendo con el nombramiento de obispos auxiliares. En este sentido, Pablo VI pidió por carta a Franco la renuncia al privilegio de presentación. Por otra parte, los primeros setenta estuvieron salpicados de conflictos con sacerdotes, obispos y organizaciones, como la Acción Católica. La relación con la Conferencia Episcopal, presidida por Vicente Enrique y Tarancón desde mayo de 1971,

---

[57] TUSELL, J. y QUEIPO DE LLANO, G. *Tiempo de incertidumbre. Carlos Arias Navarro entre el franquismo y la Transición (1973-1976)*. Barcelona: Crítica, 2003, p. 172.

se deterioró tras la asamblea conjunta de obispos y sacerdotes, celebrada en septiembre[58]. El cénit del enfrentamiento se produjo durante el conocido como «caso Añoveros», entre febrero y marzo de 1974. El desgaste del régimen propiciado por la Iglesia fue acusado y prolongado.

Don José María Sánchez-Ventura, en tanto que ministro de Justicia, tuvo que afrontar este conjunto de problemas[59]. Los protagonistas de los hechos, como el cardenal Tarancón en sus *Confesiones*, subrayan su capacidad de negociación y sus maneras, pero también su firmeza en la defensa de la posición del Estado[60].

---

[58] MONTERO, F.; LOUZAO, J. y CARMONA, F. (Coords.): *La Asamblea Conjunta de Obispos y Sacerdotes de 1971. Estudios diocesanos*. Alcalá de Henares: Editorial de la Universidad de Alcalá de Henares, 2018. Frente a la Conferencia Episcopal se situó la Hermandad Sacerdotal Española. Paula Borges Santos relaciona las figuras de Vicente Enrique y Tarancón, arzobispo de Madrid-Alcalá y presidente de la Conferencia Episcopal Española, con la de António Ribeiro, patriarca de Lisboa, cardenal desde 1973 y presidente de la Conferencia Episcopal Portuguesa desde 1975. BORGES SANTOS, P. *Dom António Ribeiro*. Lisboa: Universidade Católica Editora, 2021.

[59] Véase por ejemplo MARTÍN DE SANTA OLALLA SALUDES, P. *La Iglesia que se enfrentó a Franco. Pablo VI, la Conferencia Episcopal y el Concordato de 1953*. Madrid: Ed. Dilex, 2005.

[60] ENRIQUE Y TARANCÓN, V. *Confesiones*. Madrid: PPC, 1996; ANSÓN, R. *El año mágico de Adolfo Suárez. Un rey y un presidente ante las cámaras. Julio de 1976-junio de 1977*. Madrid: La Esfera de los Libros, 2014, p. 38.

Durante la denominada Asamblea Cristiana de Vallecas, cuya celebración estaba prevista para marzo, tuvo su primera intervención en estos asuntos, apoyándose en otro paulino y futuro ministro: Salvador Sánchez-Terán. Mantuvo reuniones con el cardenal Tarancón, que también era consciente de las repercusiones que podía tener, para tratar de evitar aquel acto, «pues en las ponencias se denunciaban las graves carencias sociales en la popular barriada madrileña, y ello conllevaría peligros de orden público y una mala imagen del gobierno promovida por la prensa hostil al Régimen. Finalmente, tras un tenso tira y afloja entre el cardenal y Presidencia del Gobierno, ésta decidió la suspensión»[61].

A mediados de mayo recibió la visita de monseñor Añoveros para tratar la cuestión del procesamiento de diversos sacerdotes de su diócesis relacionados con la banda terrorista ETA[62]. De inmediato partió a Roma, donde se reunió con Casaroli, el secretario de Estado Villot y Pablo VI, al que anunció que las vacantes

---

[61] Sánchez-Terán no se detiene en ese episodio, salvo mínimamente. SÁNCHEZ-TERÁN, S. *La Transición. Síntesis y claves*. Barcelona: Ed. Planeta, 2008, p. 35. MARTÍN DE SANTA OLALLA SALUDES, P. *La Iglesia que se enfrentó a Franco. Pablo VI, la Conferencia Episcopal y el Concordato de 1953*. Madrid: Ed. Dilex, 2005, pp. 338-339.

[62] *Informaciones*, 22-5-1975. El día de la publicación eran cinco los que seguían detenidos, pero llegaron a ser diez.

episcopales serían cubiertas[63]. La foto de aquel encuentro con el Papa fue una de las más importantes en la vida de un hombre de profunda religiosidad. Permaneció en la ciudad durante tres días, pues acudió a la canonización de dos santos españoles, Juan Bautista de la Concepción, reformador de la Orden de la Santísima Trinidad, y Vicenta María López de Vicuña, la fundadora de las Hermanas del Servicio Doméstico de la Inmaculada Concepción. *Informaciones* tituló «Las relaciones Iglesia-Estado por encima de dificultades temporales», y añadió:

> José María Sánchez-Ventura ha roto en la Ciudad del Vaticano un largo –casi diríamos que tradicional– silencio del Ministerio de Justicia sobre las relaciones

---

[63] Javier Tusell identifica erróneamente a Agostino Casaroli como el secretario de Estado de la Santa Sede que participó en ese encuentro, aunque fue quien llevó las conversaciones relativas al Concordato como Secretario del Consejo para los Asuntos Públicos de la Iglesia. Lo sería más tarde, a partir de 1979, sucediendo al cardenal Villot. TUSELL, J. y QUEIPO DE LLANO, G. *Tiempo de incertidumbre. Carlos Arias Navarro entre el franquismo y la Transición (1973-1976)*.Barcelona: Crítica, 2003, p. 174. Pablo Martín de Santa Olalla realiza una detallada exposición de aquella reunión con Casaroli gracias a un acta de la misma que se conserva en el Ministerio de Asuntos Exteriores. Pese a la proximidad de fechas entre la reunión con Añoveros y con Casaroli, del acta citada se deduce que aquella cuestión no formó parte del diálogo. MARTÍN DE SANTA OLALLA SALUDES, P. *La Iglesia que se enfrentó a Franco. Pablo VI, la Conferencia Episcopal y el Concordato de 1953*. Madrid: Ed. Dilex, 2005, pp. 462-465.

entre la Iglesia y el Estado español en los últimos años. Por lo menos, pocas veces un titular de ese Departamento se había referido de una forma tan extensa y directa a este tema, desde que empezó a ser delicado, como lo ha hecho ahora el actual ministro. La ocasión –sobre todo tras los últimos acontecimientos en el País Vasco y en Canarias– era casi obligada, desde luego. El ministro se ha mostrado realista, reconociendo las dificultades, dando explicaciones sobre puntos como las multas a las homilías, y no pintando tampoco de color de rosa las negociaciones sobre el Concordato. Es una novedad[64].

A su vuelta se encontró con Franco, a quien le indicó la conveniencia de renunciar al privilegio de presentación. De su respuesta sacó la conclusión del compromiso del Jefe del Estado con su sucesor:

Franco me preguntó si Pablo VI lo había solicitado. Le contesté que no, que era una iniciativa mía. Obedecía a mi deseo de limar asperezas con la Iglesia, ya que el famoso Privilegio –reliquia de un lejano pasado– después del Concilio Vaticano II resultaba sencillamente insostenible. Franco estuvo de acuerdo, pero me dijo que esa «baza» la jugaría mejor –y pronto– el futuro Rey. De los breves comentarios que hizo al tema, claramente se deducía que las «previsiones sucesorias»,

---

[64] *Informaciones*, 27 y 28-5-1975.

lejos de atenazar al futuro, trataban de garantizar la presumible «reforma sin ruptura»[65].

Sánchez-Ventura tuvo reuniones en esos meses con diversos obispos, como Bueno Monreal, de Sevilla, y con el cardenal Tarancón, que acaba de renovar su mandato al frente de la Conferencia Episcopal Española. La oposición del Ministerio de Exteriores dio al traste con los avances alcanzados en la negociación de un nuevo Concordato[66]. Javier Tusell menciona que estuvo a punto de dimitir por la hostilidad de Pedro Cortina en este terreno[67].

En el verano tuvo que lidiar nuevamente con el obispo de Bilbao, Antonio Añoveros, por el procesamiento de dos clérigos de su diócesis. En agosto se aprobó un

---

[65] *Franco visto por sus ministros*, Coordinación, recopilación y prólogo de BAYOD, A. Barcelona: Planeta, 1981, p. 425.

[66] Se llegó a una situación parecida con su sucesor, Antonio Garrigues y Díaz-Cañabate. Habría que esperar a la llegada de Marcelino Oreja al ministerio para que las negociaciones culminasen en un acuerdo. BERZAL DE LA ROSA, E. «Iglesia y franquismo: tensiones dentro de una estrecha colaboración», en MONTERO, F. CUEVA, J. de la y LOUZAO, J. (Eds.): *La historia religiosa de la España contemporánea: Balance y perspectivas.* Alcalá de Henares: Servicio de Publicaciones de la UAH, 2017, pp. 105-106. GARRIGUES Y DÍAZ-CAÑABATE, A.: *Diálogos conmigo mismo.* Barcelona: Planeta, 1978, pp. 158-159.

[67] TUSELL, J. y QUEIPO DE LLANO, G.: *Tiempo de incertidumbre. Carlos Arias Navarro entre el franquismo y la Transición (1973-1976).* Barcelona: Crítica, 2003, p. 176.

decreto antiterrorista que suponía la pena de muerte para los condenados por este delito y sus cómplices. Tras su aprobación ofreció una entrevista a *ABC*, donde explicó que aquella medida fue el fruto de «la escalada trágica de la violencia terrorista», ante la que eran insuficientes el Código Penal y el Código de Justicia Militar. El periodista Ismael Fuente le inquirió, «¿no entorpecerá este decreto-ley en alguna medida a la evolución política del país?» y respondió «Al contrario, precisamente una de las finalidades del decreto-ley es la de salir al paso de ese propósito que indudablemente está en la mente de quienes dirigen, estimulan u orquestan los actos de terror: radicalizar posturas e impedir la evolución política del país»[68].

En septiembre Pablo VI señaló públicamente al gobierno por no detener la ejecución de cinco terroristas condenados a muerte por el Tribunal Militar. El día 27 se ejecutó a los acusados. No he tenido acceso a las memorias de Sánchez-Ventura, pero aquellas jornadas debieron ser las más complejas de su tiempo como ministro de Justicia. La ley fue derogada por el gobierno siguiente[69]. La banda terrorista ya había

---

[68]   *ABC*, 23-8-1975.

[69]   GARRIGUES Y DÍAZ-CAÑABATE, A. *Diálogos conmigo mismo*, Barcelona: Planeta, 1978, p. 164. Fernando Suárez recoge que en marzo, nada más llegar al gobierno, recibió una solicitud para la conmutación de una pena de muerte de un súbdito francés, que Sánchez-Ventura acogió con receptividad. Otras

asesinado a casi cuarenta personas. El mayor atentado había sido el de la cafetería Rolando, en la calle Correo de Madrid, donde mataron a trece e hirieron a medio centenar con una bomba[70].

IV.3. Icono entre dos épocas

Franco cayó enfermo durante la celebración del día de la Hispanidad. Unos días después sufrió un paro cardíaco. El 20 de octubre de 1975 los periódicos dieron cuenta de una afección gripal de Franco y el 30 el príncipe de España asumió interinamente las funciones de Jefe del Estado. De fondo planteaba la crisis del Sáhara. Hassan II aprovechó las circunstancias para presionar con la «Marcha Verde». El 3 de noviembre se supo que Franco había sufrido una hemorragia interna y que había sido operado. Había tenido varios infartos en las fechas precedentes.

---

llegaron con posterioridad y se fueron aprobando, pero añade «El terrorismo era otra cosa». A raíz de un primer indulto a un grupo de terroristas, sucedieron nuevos atentados por parte del Front d'aliberament catalá, el Movimiento Ibérico de Liberación, el Frente Revolucionario Antifascista Patriótico, el GRAPO y la propia ETA. SUÁREZ GONZÁLEZ, F. *Testigo presencial.* Madrid: Real del Catorce Editores, 2023, pp. 403-404.

[70] ALONSO, R., DOMÍNGUEZ, F. y GARCÍA REY, M. *Vidas rotas. Historia de los hombres, mujeres y niños víctimas de ETA*, Madrid: Espasa, 2010, p. 1232.

Pronto fue trasladado a la Residencia Sanitaria de la Seguridad Social La Paz, donde falleció la madrugada del 20 de noviembre. Antes de morir dejó escrito un breve testamento político. Sánchez-Ventura, en tanto que notario Mayor del Reino, tuvo que dar cuenta de todos los pasos que se dieron a partir de entonces. La prensa recogió el acta de fallecimiento a partir del parte facultativo del doctor Vicente Pozuelo, que fue entregada al príncipe de España[71]. Con ello comenzaron los trámites sucesorios previstos en las leyes 62/1969 y 28/1972. Para la redacción de las actas de fallecimiento y entierro Sánchez-Ventura se inspiró en el de Alfonso XII, el último jefe del Estado fallecido en el ejercicio de su cargo hasta la fecha.

Luego tomó juramento a Juan Carlos de Borbón ante las Cortes el día 22. Paul Preston narra que Alejandro Rodríguez Valcárcel, el presidente de las Cortes, recibió presiones para distanciar al máximo los funerales de la coronación, pero no atendió la petición. Uno

---

[71] *ABC*, 22-11-1975. Los testimonios de Vicente Pozuelo y los médicos de su equipo, como José Luis Palma, mencionan a Sánchez-Ventura. PALMA, J.L. *El Paciente de El Pardo. La imprevisible y larga agonía del general Franco*. Madrid: Agualarga, 2004. POZUELO, V.: *Los últimos 476 días de Franco*. Barcelona: Planeta, 1980. Ambos se reunieron a los pocos minutos del fallecimiento de Franco «en un pequeño despacho de la Ciudad Sanitaria de la Paz". *Franco visto por sus ministros*. Barcelona: Planeta, 1981, pp. 428-429.

de esos emisarios de Zarzuela habría sido el propio Sánchez-Ventura[72].

El Caudillo recibió sepultura el domingo día 23 de noviembre en el Valle de los Caídos. Carlos Arias pidió a la Conferencia Episcopal a través de Sánchez-Ventura celebrar un funeral en la Plaza de Oriente con la asistencia de los obispos, pero finalmente se encargó el cardenal de Toledo Marcelo González[73]. En el ejercicio de sus funciones José María Sánchez-Ventura tuvo que dar fe del traslado del difunto al Pardo, donde se reunió la familia, luego a la Plaza de Oriente, donde un numerosísimo gentío se congregó para despedirse de él, y finalmente a la Basílica de Cuelgamuros, donde descansó hasta 2019. Las fotos de aquellos momentos vuelven a situarle en diversas escenas icónicas del cierre de esa etapa de la historia de España.

Sánchez-Ventura narra en *Franco, visto por sus ministros* que conoció a Franco en una serie de audiencias entre 1967 y 1968, cuando desempeñaba la delegación del gobierno en el canal de Isabel II, pero que frecuentó

---

[72] PRESTON, P.: *Juan Carlos, el rey de un pueblo*, Vol. 2. Barcelona: Ed. Folio, 2005, p. 339.

[73] Victoria Prego afirma esta circunstancia a través del testimonio del sacerdote Martín Patino. PREGO, V. *Así se hizo la Transición*. Barcelona: Plaza & Janés,1995, p. 328.

su trato con mayor intensidad en los nueve meses que desempeñé la cartera de Justicia. Fueron los meses anteriores a su muerte. Era Franco entonces un anciano de 83 años, muy disminuido en sus facultades por su grave dolencia. Hablaba, ciertamente, poco y con esfuerzo. Pero se entregaba a su misión con generosidad ejemplar y con indudable eficacia. Escuchaba con gran atención y por sus cortos comentarios, o por sus preguntas intencionadas se comprendía que, tras un rostro inexpresivo por la deficiente fisiología, se ocultaba una mente lúcida y una experiencia política inigualable[74].

En ese mismo escrito señala que uno de los momentos que le causó más impresión fue el abrazo entre Franco y el cardenal Marcelo González al término de la celebración del 1 de octubre en la Plaza de Oriente[75].

---

[74] *Franco visto por sus ministros*. Barcelona: Planeta, 1981, pp. 420-431.

[75] Su compañero de gobierno Fernando Suárez destaca la misma escena en sus recientes memorias. SUÁREZ GONZÁLEZ, F.: *Testigo presencial*. Madrid: Real del Catorce Editores, 2023, p. 309.

Entrega de Títulos. (Archivo CMUSP)

DELEGADO DEL
GOBIERNO EN EL
CANAL DE ISABEL II

Don José María Sánchez Ventura y Pascual,
nombrado delegado del Gobierno en el Canal
de Isabel II en el último Consejo de Ministros.
(Foto Cifra.)

**La prensa recoge el nombramiento de Sánchez-Ventura como
delegado del Gobierno en el Canal de Isabel II**

En los preámbulos de aquellas decisivas jornadas José María Sánchez-Ventura recibió la visita del coronel Alfonso Armada, que era secretario de la Casa del Príncipe, enviado por Juan Carlos de Borbón para negociar una amnistía para los presos que sería anunciada una vez subiese al trono[76]. La relación de Juan Carlos con Arias Navarro fue muy difícil, pero no sucedió lo mismo con sus ministros[77]. Esa amnistía era parte de la «Operación Lucero». La medida, que afectó a personalidades como Marcelino Camacho, se aprobó el 25 de noviembre. Previamente ya se había acordado toda una serie de indultos, indultos parciales y el acceso a la libertad condicional de varios reclusos[78]. Las penas de muerte quedaban conmuta-

---

[76] PRESTON, P. *Juan Carlos, el rey de un pueblo*, Vol. 2. Barcelona: Ed. Folio, 2005, pp. 335-336. Sánchez-Ventura expuso en *Franco visto por sus ministros* que «Todas estas actuaciones [se refiere a las previstas en la Operación Lucero, que incluían la amnistía] tuve el honor y la satisfacción de despacharlas directamente con don Juan Carlos, quien manifestó su interés en agilizar y perfeccionar las instrucciones previstas (...) con la magnanimidad propia de un gran Rey». Más adelante, insiste: «Este Decreto [el de indulto] también lo despaché directamente con el Rey, quien, como he apuntado antes, dio pruebas en él de su generosidad». *Franco visto por sus ministros*. Barcelona: Planeta, 1981, p. 428.

[77] Sobre la dimisión de Arias Navarro durante la enfermedad final de Franco y la crisis del Sahara. POWELL, C. *Juan Carlos. Un rey para la democracia*. Barcelona: Planeta, 1995, p. 143.

[78] *Boletín Oficial del Estado*, 27-11-1975 y 4-12-1975. El propio Franco ordenó varios a comienzos de septiembre. *Boletín Oficial del Estado*, 2-9-1975.

das por la inferior en grado. La izquierda recibió estas decisiones como una concesión de mínimos y protestó al mismo tiempo que se producía la coronación. Santiago Carrillo acababa de ofrecer una entrevista a la periodista Oriana Fallaci donde se refirió al futuro monarca como «un títere al que Franco manipula a su antojo, un pobre diablo sin dignidad ni sentido político»[79].

Juan Carlos I no tardó en iniciar los cambios, que comenzaron por situar a Torcuato Fernández-Miranda al frente de las Cortes y del Consejo del Reino. Sánchez-Ventura volvió a ejercer su función de notario Mayor y le tomó juramento. Con cierta distancia, afirmó «El acto fue sobrio, de sencilla pero emocionante solemnidad. Se presentía que Fernández Miranda iba a ser una pieza importante en el mecanismo político del inmediato futuro. Lo fue»[80].

---

[79] POWELL, C. *Juan Carlos. Un rey para la democracia*. Barcelona: Planeta, 1995, p. 127.

[80] *Franco visto por sus ministros*. Barcelona: Planeta, 1981, p. 429. Rafael Ansón le otorga protagonismo a Sánchez-Ventura en la sucesión de Rodríguez Valcárcel: «Su Majestad hizo muy bien en apartar a Rodríguez Valcárcel, porque habría supuesto un obstáculo para la Transición. (...) se negaba a la entrada de la corona si no era para nombrarle a él presidente del Gobierno, así que intentó sabotear los pasos iniciales del proceso: trató de aplicar la ley de sucesión ignorando que desde el día 30 de octubre el príncipe era jefe de Estado de forma interina. No lo consiguió, obviamente. En parte gracias a Sánchez-Ventura, ministro de

El día 4 de diciembre Carlos Arias Navarro fue confirmado como presidente del Gobierno, pero el gabinete fue muy distinto. Ese fue el segundo signo de discontinuidad en la nueva etapa. Pilar y Alfonso Fernández-Miranda observan que «el nuevo gobierno se decidió en la Zarzuela»[81]. Sánchez-Ventura, como el resto de miembros del anterior gabinete, presentó su dimisión. Se incorporaron Manuel Fraga, José María de Areilza, Alfonso Osorio y Adolfo Suárez. A Sánchez-Ventura le sucedió el abogado Antonio Garrigues y Díaz-Cañabate, antiguo embajador en Estados Unidos, en el que se considera el primer gobierno del Rey Juan Carlos[82]. Powell apunta que su sustitución

---

Justicia, que apoyó sin fisuras la legalidad». ANSÓN, R.: *El año mágico de Adolfo Suárez. Un rey y un presidente ante las cámaras. Julio de 1976-junio de 1977.* Madrid: La Esfera de los libros, 2014, p. 44.

[81]   FERNÁNDEZ-MIRANDA, P. y FERNÁNDEZ-MIRANDA, A.: *Lo que el Rey me ha pedido. Torcuato Fernández-Miranda y la reforma política.* Barcelona: Plaza & Janes, 1996, p. 145.

[82]   El nombre de Garrigues aparece en una lista de posibles hombres con los que contar que elaboró Torcuato Fernández-Miranda en el mes de octubre de 1975 y en la reunión del 6 de diciembre para conformar ese primer gobierno del Rey. FERNÁNDEZ-MIRANDA, P. y FERNÁNDEZ-MIRANDA, A.: *Lo que el Rey me ha pedido. Torcuato Fernández-Miranda y la reforma política.* Barcelona: Plaza & Janes, 1996, pp. 107 y 145. Los ceses y nombramientos en *Boletín Oficial del Estado,* 12-12-1975 con fecha del día 11.

fue una compensación por la ausencia de Federico Silva Muñoz en aquel gabinete[83].

La imagen reformista y liberalizadora que quisieron transmitir aquellos nuevos ministros quedó disminuida por su ejecutoria al frente del gobierno y por la continuidad de Arias Navarro, que fue un factor limitante para los planes del Rey.

La última disposición de Sánchez-Ventura como ministro fue una nueva redacción del reglamento de la Mutualidad de Previsión de los Procuradores de los Tribunales, algo en consonancia con la que había sido una de sus grandes preocupaciones vitales[84].

---

[83] POWELL, C. *Juan Carlos. Un rey para la democracia*. Barcelona: Planeta, 1995, p. 156. José María Sánchez-Ventura fue delegado del gobierno en el Canal de Isabel II, de Madrid, como parte del equipo del ministro de Obras Públicas, Federico Silva Muñoz. La relación de ambos venía de su etapa en el Colegio Mayor de San Pablo. SILVA MUÑOZ, F. *Memorias políticas*. Barcelona: Planeta, 1993, pp. 56, 89-90, 137-138.

[84] *Boletín Oficial del Estado*, 17-12-1975. La disposición está fechada el día 11, en que cambió el gobierno, pero tardó varios días en publicarse.

V

Sánchez-Ventura: un ministro del Colegio Mayor de San Pablo

José Manuel Varela Olea
Director adjunto Colegio Mayor San Pablo

Si iniciásemos estas palabras diciéndoles que vamos a hablar de un grupo de universitarios de los años cincuenta, probablemente pensarían que es una vulgaridad. Si añadiéramos que se trata de ciento cincuenta colegiales, muy posiblemente dirían que es una peculiaridad. Pero si a esto, sumásemos que se trata de un grupo de jóvenes que años después de convivir en una misma institución destacan por su trabajo al frente de los ministerios, de las Cortes, de las empresas, de la Universidad o, en definitiva, en el trabajo encomendado en el que son cabeza, tanto en el sector público como en el privado, imagino que convendrán en que el hecho, por lo menos, no deja de ser interesante.

Es cierto que, en las siguientes líneas citaremos a unos cuantos de ellos que sin duda son por todos conocidos. Se trata de hombres que en destacados puestos políticos ocuparon espacios y huecograbados en las páginas de los principales periódicos de la época. También, con el tiempo, en algunos libros de la reciente historia de España. Así, cumplía el Mayor de San Pablo con los fines públicos, con la deuda histórica respecto al Estado que los había creado. Porque, no nos engañemos, los Colegios Mayores fueron recuperados de la mano del ministro y propagandista Ibáñez Martín, para que la nación emulase las viejas glorias del pasado. Ochenta años después de la constitución del Mayor paulino, podemos afirmar que, para intentar saldar aquella deuda pública, al menos, el San Pablo aportó hombres de valía preparados para su función histórica, uno de ellos –y de los principales– D. José María Sánchez-Ventura[85].

---

[85] El ministro de Educación José Ibáñez Martín en su discurso ante las Cortes Españolas en 1943, titulado *Defensa y glosa de la Ley Universitaria,* presentará la nueva universidad española distribuida en doce distritos, recordando que por primera vez después de un siglo, España acomete la tarea de «definir la misión de la Universidad, ordenando en la complejidad de todas las enseñanzas facultativas el sistema docente y valorando la cultura de que es instrumento difusor y el tipo ideal de hombre que quiere forjar». Al tiempo, el preámbulo de la nueva Ley de Ordenación Universitaria recoge y reconoce que «la novedad más ambiciosamente perseguida» que es la restauración de los Colegios Mayores. A partir de ese momento, toda Universidad deberá contar como mínimo con uno. En el artículo 27 de la misma ley, se nos recordará que «Los Colegios Mayores son los órganos para el ejercicio de la labor educativa y formativa general que: incumbe a la Universidad. Todos los escolares universitarios deberán pertenecer, como residentes o adscritos, a un colegio

Pero también había unos fines privados. Cada institución que respaldaba un Colegio Mayor –cuando tal dependencia existía– tenía los suyos propios, conforme al carisma de su fundador, que se plasmaba en un reglamento interno oficialmente registrado con el nacimiento de cada Mayor. Y así, generación a generación, promoción a promoción, cada Colegio aportaba hombres especialmente bien preparados para una sociedad que aspiraba a altos ideales. Sabemos, nos consta, que el Mayor paulino no fue el único que cumplió con estos fines. Sabemos también, que la aportación política, siendo importante, no era la única. Por ello, podemos decir que otros muchos universitarios fueron formados en estos muros y se convirtieron en excelentes profesionales sin olvidar la impronta colegial que les acompañó toda su vida. Hoy, algunos de ellos dan nombre a una calle, a una avenida o a un colegio o instituto. Otros, han dado dejado su apellido en la memoria colectiva de la empresa que dirigieron[86].

Mayor...» *La nueva Universidad española.* Madrid: Ed. Cisneros, 1943, pp. 11, 33 y 43.

[86] Los nombres de estos colegiales se pueden encontrar en el libro que se publicó en el año 2000, con motivo del cincuenta aniversario de la entrada de la primera promoción. En la actualidad, se calcula que han convivido entre estos muros unos tres mil universitarios de todas las carreras y todas las universidades. *Colegio Mayor Universitario de San Pablo. 1950-2000. 50 años de historia.* Madrid: Ed. Privada.

Pues bien, al frente de esa institución, de este Mayor paulino, vamos a encontrar a D. José María Sánchez-Ventura. Afirmar esto no es cosa cualquiera, puesto que ya hace dos décadas, con mucho orgullo y autoridad, afirmaba públicamente en una de sus conferencias que era «el español que ha pasado más horas en el Colegio Mayor de San Pablo durante los cincuenta y cinco años de su existencia»[87]. Pero él, no solo era quien mejor lo conocía, sino que, además, había sido quien lo había devuelto a la senda, al espíritu con el que se fundó. Cierto es, que él va a recoger parte de los frutos cosechados por otro singular propagandista, brillante profesor, sacrificado director y bella persona llamada Isidoro Martín, pero el impulso de reordenación académica, de rigurosa selección y de proyección de sus colegiales en la vida pública es inigualable en los años que acompañan la dirección de D. José María[88].

---

[87]   SÁNCHEZ-VENTURA, J. M. *Los estudiantes católicos y el Colegio Mayor Universitario de San Pablo.* Ponencia Curso de verano en Málaga*:* 2005, p. 3. Archivo de ACdP.

[88]   Tampoco queremos olvidar el paso por la dirección de otro propagandista: Abelardo Algora Marco. El caso es que, Abelardo solo estaría al frente del Mayor unos meses, duros meses en los que –siempre siendo justos y rigurosos con las historia– se repitieron ciertas *hazañas universitarias* que colmaron su paciencia y pusieron a prueba su carácter forjado en la milicia. Las virtudes, los defectos y los problemas que tiene esta institución –como todas las obras humanas– serán heredadas por el nuevo

Coincide este periodo con dos hechos que van a marcar la impronta de esta nueva dirección. Por un lado, esta nueva etapa paulina va acompañada de la incorporación de Sánchez-Ventura a la entonces Asociación Católica Nacional de Propagandistas (ACNdP). Por otro, y consecuencia de lo primero, el hecho de que D. José María tratase con quien fuera el primer presidente de dicha asociación: el obispo de Málaga Herrera Oria; y fundamentalmente, con el fundador del Mayor: Fernando Martín-Sánchez Juliá, ambos camino de los altares. La admiración que siente por este último, le llevará a redactar en mayo del 2002 una *Semblanza* para la reedición del libro *Ideas claras.*[89]

---

director Sánchez-Ventura, que conoce muy bien la vida colegial, porque vivió en el San Pablo desde que se abrieron sus puertas.

[89] En las setenta y seis páginas previas al texto de Martín-Sánchez, D. José María recuerda que todos los planes en materia educativa que se pusieron en marcha en la posguerra ya habían sido pensados antes, cuando Fernando era Presidente de la Confederación de Estudiantes Católicos. Lógicamente, entre dichos planes se encontraba el de recuperar para la historia los Colegios Mayores. De igual manera recuerda el dolor en el silencio que producía en el fundador del Mayor estar apartado de la presidencia del Patronato. Era un Mayor hijo de la audacia, aunque él considerase en los primeros años que lo era de «una audacia no lograda, porque tenemos el edificio, pero nos falta el espíritu; lo que me preocupa es crear el alma de este Colegio Mayor». Todo ello en una ACNdP en la que, sobre todo en los últimos años del Régimen de Franco, los propagandistas –como la población– se dividían políticamente entre *posibilistas* e *impacientes;* es decir, entre quienes consideraban que la situación de gobierno debía permanecer y desarrollarse, y quienes consideraban tal gobierno, hijo de la excepción;

Acercándonos a su persona, a su figura y a su obra, nos encontramos con sus *Memorias*. Para ello, fue indispensable la habitual generosidad de su hija Joaquina. Abusando de su amistad –de la que hacemos desde aquí gala– pudimos estudiar la visión aguda y personalísima de su padre. En dichas *Memorias y Notas de un notario Mayor* comprobamos cómo el paso de D. José María por el San Pablo marca su existencia, de igual forma que lo hizo con otros ilustres paulinos. En realidad, hemos dicho «su paso» cuando deberíamos decir «su permanencia o pertenencia» porque nunca dejó de estar en éste su Colegio, y hoy, inaugurada la nueva sala que lleva su nombre, continúa, si cabe, más con nosotros[90].

---

por tanto, no prolongable indefinidamente. Mientras Fernando parecía representar la primera, su amigo, su compañero, Herrera Oria parecía representar la segunda. Algo que Sánchez-Ventura nos advierte que es un error, por confundirse con la prudencia. Para el fundador del Mayor, para el hombre de influencia política en el Madrid de la era franquista, el San Pablo fue «la culminación de sus afanes apostólicos». SÁNCHEZ-VENTURA, J. M. *Semblanza* en *Ideas claras*. Madrid: BAC, 2002, pp. LV-XC.

[90] En sus *Memorias* –de próxima publicación– la constante paulina es un hecho. No dedica unas páginas a ese período, sino que encontramos una referencia vital. Respecto al Seminario que lleva su nombre, se encuentra ubicado en la primera planta del ala sur del Mayor; presidida por un cuadro donado por la familia, llenan los estantes de los muebles allí ubicados los libros, fotos, la cartera y la placa de su notaría; además de múltiples objetos personales. Junto a ellos, en el correspondiente Archivo de la ACdP permanece custodiada otra documentación de su etapa de ministro.

Pero, además, como deja claro el propio Sánchez-Ventura, en su caso existe otra circunstancia vital determinante del primer quehacer y voluntad que le acompañará, como no puede ser de otra forma, para toda su vida. El referido texto se inicia con una frase tan sencilla como contundente: «Soy aragonés».

Quienes conocemos bien esas tierras austeras y rojas por la sangre derramada por moros, cristianos, y tristemente, por la guerra fratricida, sabemos que tal hecho imprime carácter; el mismo al que dedica páginas enteras y constantes lecturas[91]. Por eso no deja de analizar y declarar que la historia aragonesa se constituye en la defensa de la verdad, de la libertad y de la justicia. Y esto puede lograrse porque esa tierra contiene hombres que valoran y demuestran cómo es la verdadera amistad, la lealtad, el trabajo, la cortesía, la generosidad y la austeridad. Perdónennos si desde aquí señalamos, que sin quererlo, se había definido a sí mismo.

---

[91] Conviene recordar que él mismo se considera como un «niño de la guerra». Por aquel entonces, su padre ya ha tomado parte por el bando nacional, y es autor del *Decálogo de la moral de retaguardia* impresa en agosto de 1937, publicada en Segovia por la Central Nacional Sindicalista. Finaliza la misma, recordando la necesidad de ser buenos católicos, que es la única forma de ser buenos españoles; buenos católicos en todas las manifestaciones de la vida, tanto públicas como privadas.

Giani Alés ostenta el banderín del Colegio Mayor de San Pablo, que le fué entregado por el director de dicho establecimiento D. José María Sánchez Ventura, que aparece a su izquierda, y acompañados de los señores Guijarro, Cano y Subirá.

La prensa de Madrid destaca las fiestas del Mayor de San Pablo a las que asisten personalidades como los Príncipes

104

COLEGIALES DEL SAN PABLO, A ALEMANIA.—Un grupo de treinta colegiales del Colegio Mayor Universitario de San Pablo fotografiados en Barajas antes de emprender el vuelo con destino a Alemania. Visitarán las principales universidades de aquel país y los centros de emigrantes españoles. El viaje ha sido organizado por el Colegio y subvencionado por varios organismos oficiales. (Foto Santos Yubero.)

Visita a Zaragoza. *El Noticiero,* 25 de enero de 1975

A toda nobleza procede su reconocimiento; si es aragonesa, lo tiene asegurado. En la Semana Santa de 1975, D. José María es requerido como Pregonero por el Alcalde de Híjar con esa «tenacidad típicamente aragonesa». En la catedral mudéjar de Teruel –ciudad tan vinculada a la familia– Sánchez-Ventura inicia su pregón ante un auditorio que la abarrota y que encabeza el Obispo, otro compañero ministro, los alcaldes y las corporaciones provinciales y municipales. De todo ello informa la prensa y *Radio Zaragoza*. Lo inicia avisando que es «aragonés por los cuatro costados» y está «vinculado a la provincia de Teruel por recuerdos y nostalgias entrañables». Sánchez-Ventura alude a los tambores de Aragón, a los tambores de Híjar, esos que anuncian la *Divina Catástrofe*, la *Divina Tragedia;* recuerda la alegría popular de la procesión de *La burrica* y da paso a los *Rosaieros-Despertadores.* En su pregón, citas religiosas y profanas; San Lucas, San Mateo, San Pablo, pero también Cicerón, Unamuno, Chesterton o Kierkegaard, y como no, el historiador aragonés Pedro Pruneda.

La formación paulina, la que ha recibido aquel joven que llegará a ministro, no la vemos en la parte del pregón que dedica al turismo, a los ilustres viajeros incansables como Erasmo y Vives, Rubens y Velázquez, Cervantes y Goethe que van a resultar perfectos «ejemplos de viajeros infatigables» y a los que conoce por su formación académica. No, la cultura colegial, la impronta intelectual y paulina está en las citas a

Santo Tomás y en los largos minutos que dedica en recitar a José María Pemán; pero, sobre todo, la encontramos al final de sus palabras, cuando habla de libertad, de Justicia; del ideal, y la estrella turolense; cuando habla de la excelencia, del esfuerzo por ser mejores, del *excelsior*[92].

Sí, este joven aragonés ingresa en el Mayor de San Pablo con anticipación, sin saberlo; porque ya su familia, empezando por su padre, habían apoyado el proyecto antes de haberse puesto su primera piedra. No se trata solo del apoyo económico que prestan, ni las gestiones realizadas para traer a este Mayor a las Religiosas Angélicas desde el Pilar de Zaragoza, sino que además, confían su hijo a la custodia del San Pablo[93].

---

[92] SÁNCHEZ-VENTURA Y PASCUAL, J. M. *Pregón de la Semana Santa de Híjar.* Archivo del CMUSP. Respecto a la libertad y la Justicia, literalmente afirma que «sin libertad no puede haber Justicia; pero si falta la Justicia, tampoco existirá la libertad». Y respecto al concepto de excelencia con el que finalizan sus palabras, recuerda que el «El escudo de España, también en el momento de su nacimiento, recoge la expresión que simboliza esta postura: *excelsior,* cada vez más arriba, cada vez más excelsos, cada vez mejores de lo que hemos llegado a ser». Incluimos a José María Pemán como referencia paulina, no solo por ser propagandista, no solo por estar presente en esta obra colegial el mismo día de su inauguración, sino porque, además, siguió vinculado a esta obra bien con su permanente presencia, bien con su vinculación al teatro paulino.

[93] De la importancia que tiene esta aportación de Santa Genoveva y sus Religiosas Angélicas, sirvan de referencia las palabras del

D. José María ingresa junto con otros catorce universitarios en lo que vino a llamarse el protocolegio, es decir, el ensayo previo de lo que debía de venir. Con el tiempo, este colegial que ya había ganado su primera oposición, se convierte en el primer decano, después director; más tarde, presidente de la asociación de antiguos y al fin, patrono, hasta el último de sus días. También, todo ha de decirse, es el primer colegial que llega a ser ministro. Es más, se convierte en una referencia para otros colegiales que están dando sus primeros pasos en política y que llegada la democracia también acceden al mismo cargo en los ministerios.

Pero quien estaba llamado a ser ministro de Justicia y notario Mayor del Reino, se encontraba por aquel

---

fundador del San Pablo Fernando Martín-Sánchez, cuando el 7 de marzo de 1951 –día en el que se inaugura esta institución, con presencia del Jefe del Estado y gran número de autoridades, el fundador las incluye en un párrafo de agradecimiento: «Y gracias, por fin, en este primer capítulo, a lo más humilde, a lo más recoleto de cuantos organismos integran el Colegio mayor de San Pablo: a la comunidad de Religiosas Angélicas que con sus domésticos cuidados, hechos con tanto espíritu y tanto acierto, han transformado lo que pudo ser colectiva agregación de docenas de hombres jóvenes en un ambiente de calor de hogar confortable de una familia ciertamente numerosísima». MARTÍN-SÁNCHEZ, F. *Op. Cit.,* p. 601. Además de la vinculación paterna a Santa Genoveva –que durará hasta el final de sus días– el padre de D. José María facilitará cierto desahogo económico a la institución, además de cerrar ventajosos acuerdos con la banca para la financiación del Mayor al inicio de su andadura.

año de 1958 con la cabeza puesta en su profesión. Atrás habían quedado esos años de colegial en los que compartía mesa, respetada mesa, junto a los también notarios Juan Florit, o Pío Cabanillas y Jesús Díaz del Corral; los abogados del Estado, José Manuel Otero y José María Concejo; o los diplomáticos Marcelino Oreja y Ramón Armengod. Era lo que en terminología colegial se llamaban *Graduados,* que servían, de ejemplo para sus compañeros que cursaban aun la carrera.

De aquellos primeros años colegiales, también quedaba la huella de Landelino Lavilla, Salvador Sánchez-Terán, Carlos Abella, Alfonso de Borbón, Federico Trenor, Martín Lobo, y más tarde, la continuidad colegial en hombres como Paco Vázquez, Francisco de la Torre, Santos Reín, Pío Cabanillas, García Tizón y tantos otros, que sin ser tan conocidos, siempre confesaron que la excelencia alcanzada en sus puestos correspondía a la exigida durante su estancia en este Colegio.

Así pues, en ese año 1958, el propagandista Federico Silva Muñoz le pide un nuevo favor para la casa. Con la salida de la dirección de Abelardo Algora, el colegio se encontraba acéfalo, pero también inquieto en su inactividad. Por tanto, le ruega acepte la dirección por tres meses, tres meses que se convertirán en tres años. Si bien es cierto que su aceptación responde a la petición de un hombre al que respeta, admira y con el que mantendrá una verdadera amistad, también es cierto que tal aceptación es más bien una demostración generosa del gran amor que profesa por el Mayor de San Pablo. Durante el tiempo que dura su dirección, D. José María renuncia a todos los beneficios que lleva aparejado el cargo, incluyendo lo que fuera una justa remuneración. Conociéndole como le conoce, ésta no será la única ocasión en la que Federico Silva le requiera. Después vendrá la dirección del Canal de Isabel II e incluso una operación para el periódico *Informaciones*[94].

---

[94] José María Sánchez-Ventura y Federico Silva –ambos propagandistas– mantuvieron una relación de amistad toda su vida, con los altibajos propios de dos grandes personalidades, coincidiendo no solo en su militancia religiosa, sino también con una relación profesional en la que surgieron ciertas discrepancias. Por poner un ejemplo, las versiones sobre el proceder, los resultados o las expectativas sobre el periódico *Informaciones* fueron muy diferentes. En cualquiera de los casos, al primero le costó un disgusto personal, además de económico. Según parece, la idea que tenía Silva sobre la publicación y su instrumentalización distaba mucho de lo que se esperaba. En cualquiera de los casos, la relación de los dos se vinculaba desde los orígenes al Mayor de San Pablo, en el que siempre estuvo presente Silva Muñoz de una u otra manera, con cargo o simplemente en la formación de sus nuevos colegiales. En las *Memorias* de este último se puede comprobar también importancia y la huella que el San Pablo dejó en él. SILVA MUÑOZ, F. *Memorias políticas*. Barcelona: Ed. Planeta, 1996, pp. 55 y 56. En este texto, Silva recuerda la inquietud con la que vivía el desarrollo de los acontecimientos del Colegio Mayor y del CEU. Si este último se encontraba en franca decadencia por falta de alumnos, el San Pablo estaba en auge, pero en una situación

Quienes hemos profundizado en la intrahistoria paulina, podemos afirmar sin temor a equivocarnos, que
el Mayor de San Pablo cobra estos años importancia,
y tiene una proyección en los medios que correspondía a la deseada por sus fundadores. Su primera tarea,
desagradable ocupación, es la de liberar al Mayor –
con mucha mano izquierda– de aquellos universitarios que no cumplen con la disciplina o con los estudios[95]. Para ello, con el respaldo de la Presidencia y
del Patronato, dirigirá una carta a aquellos colegiales
que no cumplen con las expectativas para las que se
fundó el Mayor. Desde ese momento, rodeado de un

---

compleja tras la dimisión del primer director y el enfado con
los colegiales del segundo director y propagandista, el militar
Abelardo Algora. Literalmente, Silva señala que «lo tomé en
plena subversión con las paredes embadurnadas, con huelga
en el comedor y plante general de los alumnos que protestaban
porque se comía demasiado mal». Tras una reunión del Patronato
en casa de Fernando Martín-Sánchez, se reúne con los residentes
y Eleuterio González Zapatero, pactando el nombramiento de
nuevo director en la figura de Sánchez-Ventura, y encargándose
él de la dirección cultural e ideológica del Mayor y del CEU.

[95] Así implantará la que denomina «Política con los Colegiales
Mayores» que incluye la ampliación del llamado Senado Colegial,
haciéndolo más participativo (este órgano era elegido por
votación, pero bajo su dirección se añadirían algunos miembros
de libre designación; incrementar la colaboración de los colegiales
con la Dirección; aumentar el diálogo con todas las promociones
que convivían en el Mayor; por último, ampliar la presencia del
CEU en el mismo. VARELA OLEA, J. M. *La formación de minorías
universitarias: el Colegio Mayor de San Pablo*. Madrid: CEU
Ediciones, 2023, pp. 316-319.

buen equipo y empleando muchas horas de trabajo en el San Pablo, se consiguió la proyección y la dirección adecuada a los sueños de su fundador.

Pasado este pesado trago, quizás, su acierto primero es el de rodearse de los mejores, de los más preparados, y constituir una subdirección en la que poder apoyarse. Su equipo lo forman González Santos, el ya mencionado Santos Rein, Mantaras, Corona y su amigo paulino Subirá. Pero como no podía ser de otra forma, se fija en otro aragonés, que pasados los años le sucederá al mando de este buque insignia de la ACdP que es el Colegio Mayor; nos referimos a Jacobo Cano. Durante los años que dura su mandato, Jacobo sigue la estela de Sánchez-Ventura en el Mayor; al tiempo ingresa en la ACdP y más tarde es propuesto para los más altos cargos en la Asociación, aunque no tuvo mucho éxito[96]. Con humildad, con absoluta sinceridad, manda una carta a su predecesor disculpándose de sus habituales despistes; al tiempo, Jacobo ya ha

---

[96] Jacobo llegó a ser Vicesecretario General de la Asociación. También fue incluido en una terna de candidatos por el Consejo presentada por Martín Artajo; y que estaba compuesta por Abelardo Algora, Carlos de la Mora y el propio Cano. En esta ocasión, solo votaron los propagandistas presentes que se encontraban de ejercicios espirituales, obteniendo la abrumadora mayoría de los votos Abelardo Algora. Tras la LII Asamblea se dio así inicio a la nueva Presidencia. *Boletín de la ACNdP* nº 809-810, p. 6, octubre de 1965.

aceptado la propuesta e intuye el resultado[97]. De nuevo, con aguda vista, Federico Silva lo requiere para labores en la vida pública, dejando el Mayor de San Pablo en manos de Ernesto González.

El Jefe del Estado despacha en El Pardo con
Silva Muñoz y Sánchez-Ventura

---

[97] Pudiera ser que a tales elecciones fuera para completar la terna. Carta firmada, sin fechar (aunque puede deducirse que se escribió en época estival, puesto que responde a la felicitación previa que por su santo le hizo Sánchez-Ventura). Archivo CMUSP.

Este joven delfín continuará su labor hasta ser arrancado de la Dirección para convertirse en Secretario del Príncipe Juan Carlos. Van a ser varios los que se atribuyan el mérito, el acierto de señalar a Jacobo como hombre más adecuado, como perfecto secretario para el futuro Rey de España: Silva, Oreja y el propio Sánchez-Ventura son algunos de ellos. Siendo posible que se consultase con varios, la realidad es que quien lo promociona desde el primer minuto para todo es este último. Y lo que es indiscutible, es que quien lo descubre y patrocina como solo puede hacerlo un padre es D. José María Sánchez-Ventura. El caso es que, al fin, una vez más vez más, la generosidad paulina y el servicio al Bien Común privará a la casa de hombres valiosos; un derroche de entrega que queremos significar al menos pronunciando el nombre de algunos de sus actores.

Gracias a este equipo, el San Pablo seleccionará universitarios que a inicios de la década siguiente y por cuatro ocasiones procurarán para su Mayor el premio a las mejores calificaciones de toda la Ciudad Universitaria. Concretamente, en los cursos 1961 a 1965[98].

---

[98] Se recibieron las cuatro correspondientes placas del Ministerio de Educación Nacional reconociendo que el Mayor paulino había «obtenido la máxima nota media del Distrito Universitario de Madrid». Con ello, queda demostrado que la labor de selección previa fue muy acertada. Sin duda, el ambiente de estudio iba a propiciar que las generaciones futuras salidas de Isaac Peral 58 tuvieran la

De igual modo, las actividades culturales, religiosas, deportivas y lúdicas. Sirva como ejemplo la incesante producción y realización teatral paulina, que junto al Teatro Español Universitario, el conocido como TEU, estrena en el curso 1958-1959 más de una docena de obras y recibe tres premios[99]. Unos años antes, algún crítico teatral recordaba que «Tiempo atrás pudo esperarse que la solución estuviera en llevar el teatro a la Universidad (...) Ahora es preciso llevar al Universidad al Teatro»[100]. Como todo Colegio Mayor, el San Pablo es y pertenece a la Universidad; en él, en la etapa de Sánchez-Ventura, el TEU paulino es fuente de creatividad y espacio de representación universitaria.

---

cualificación suficiente para obtener los más altos puestos en las empresas públicas y privadas.

[99] Solo en este curso, de diciembre a junio, en el Mayor de San Pablo se representó a Calderón, Pirandello y Tagore. Los autores de lecturas teatrales escenificadas fueron: Oscar Wilde, Chejov, Pelerrín, Camús y Molero Manglano; y en el *Teatro de ensayo*: Ugo Betti. Además, en el Concurso de Teatro del Distrito Universitario de Madrid con participación de los TEU de Derecho, Ciencias Políticas y Económicas, ICAI y Colegio Mayor de San Pablo se obtuvieron dos premios: a Mejor actor y a Decoración y montaje. *Crónica 1958-1959*, pp. 29-30.

[100] ARAGONÉS, J. E. *La Universidad y el Teatro. Con la misma esperanza*. Madrid: SEU, 1963, p. 217. El artículo aparecerá firmado en la revista universitaria *Alcalá,* nº 17 del año 1952, unos años antes del gran trabajo teatral que se hace y produce en este Colegio Mayor. Evidentemente, es de obligada cita el intento de llevarlo a la Universidad antes de la Guerra Civil por parte de García Lorca con su *Barraca*.

No bastando con eso, algunos colegiales se convertirán en autores de obras, como también lo fueron en otros géneros como la pintura, la novela o el cine. También en el ámbito cultural bajo esa dirección, se realizaron seis ciclos de conferencias y pasaron por su salón de actos un número ingente de catedráticos, políticos, y autoridades civiles y eclesiásticas, que de ser nombrados constituirían una lista tediosa para los hoy presentes en este homenaje. Solo por citar algunos de los más conocidos: Juan del Rosal, Gonzalo de la Mora, José María García Escudero, Jaime Guasp, Manuel Fraga, Federico Silva, García Valcárcel, Fermín Zelada, Martín Artajo o Aquilino Morcillo[101]. Todo ello, solo en el primero de los tres cursos que ocupó el cargo. En consecuencia, los medios de comunicación se harán eco de la ascendente proyección de un Colegio de prestigio en el que entran brillantes

---

[101]   Los seis ciclos fueron organizados por el propio Federico Silva conjuntamente para colegiales del San Pablo y estudiantes del CEU. Estos Ciclos se denominaron: *La vida pública en Hispanoamérica; Convertibilidad de la moneda y Mercado Común; Aspectos generales del Derecho; Padres e hijos; Historia de las ideas políticas en España durante el siglo XX; Organización e instituciones de la URSS; Superación del sistema capitalista; Problemas técnicos de actualidad.* Además de diez *Diálogos* en los que participaron los anteriormente citados ponentes. *Op. Cit.,* pp. 23-25.

universitarios y salen magníficos profesionales para el futuro[102].

Parece hacerse realidad aquel proyecto del que fuera procurador en Cortes y fundador del Mayor, Fernando Martín-Sánchez Juliá, al que Sánchez-Ventura trata y admira, hasta el punto de poder afirmar que conoció a tres santos en vida: Escrivá de Balaguer, Genoveva Torres y el propio Fernando, que desde su silla de ruedas y permanente sonrisa, inspira al hoy homenajeado a hacer del San Pablo un vivero de propagandistas. En definitiva, que se acertase a forjar los instrumentos y ponerlos en manos de esos universitarios para que lograsen recuperar grandezas históricas que conquistaron para Dios y su tierra los españoles que les precedieron.

Para finalizar, queda señalar otro acierto, otro esfuerzo, que el mundo universitario y más concretamente esta institución colegial deben a D. José María. Nos estamos refiriendo a la primera *Ley de Protección de*

---

[102] Si en una portada del *ABC* del año 1951 se anunciaba la apertura de nuestro Mayor, en estos años sucesivos la *Televisión Española* –único medio audiovisual presente en la España franquista– se hará eco de las fiestas de Isaac Peral 58. A ello contribuirán los invitados que pasan por las mismas, desde el Príncipe Juan Carlos hasta actores por todos conocidos como Carmen Sevilla. Así consta en el archivo fotográfico en el que pueden encontrarse fotos de José María Sánchez-Ventura con la popular actriz y otras personalidades.

Colegios Mayores. De su mano, gracias a su iniciativa, entre estos muros y junto con otros directores de colegios privados se redacta para su aprobación un 11 de mayo de 1959. Para esta tarea contará con el apoyo de otro director y vecino de la Ciudad Universitaria: el Colegio Mayor Moncloa[103].

Exactamente hoy, José María Sánchez-Ventura cumpliría cien años. Estamos convencidos, que desde el cielo, compartiendo la visión gloriosa de nuestro Creador con otros paulinos que también nos dejaron, suscribe con amable sonrisa aquellas palabras

---

[103] En 1959 el Director del Colegio Mayor Moncloa era Rafael Solís García. No obstante, Sánchez-Ventura era amigo de su predecesor: Alberto Ullastres Calvo. En varias ocasiones el que fuera ministro de Comercio es invitado a presidir un acto al San Pablo. Por ello, cabe la posibilidad de que fueran ambos los promotores de la ley. En el preámbulo de la misma se nos recuerda que ya existen cincuenta Mayores que dependen de la Universidad, del SEU y corporaciones públicas y privadas, que solo cobijan a unos tres mil colegiales; existiendo una población de sesenta mil universitarios con la obligación de pertenencia a ellos. Por tanto, dicha ley contribuiría a afianzar los ya existentes y fomentar la creación de nuevos y necesarios Colegios. Se trataría de una ayuda económica del Estado a cargo de los Presupuestos Generales, en una cantidad de cuarenta millones de pesetas, que se daría en proporción y conforme a una serie de criterios como: el número de plazas que posean, número de personas dedicadas a la labor formativa, número de becas concedidas, etc. (Art. 2-5) de la *Proposición de Ley de Protección a los Colegios Mayores Universitarios*. Archivo de la ACdP. Fondo Rodríguez Ponga.

del *Romancero Aragonés* que bien pudieran expresar su paso y obrar en esta vida[104]. Dice así:

Anoche una alegre turba

que cruzó calles y plazas

iba la jota tocando

con postura bizarra.

Y yo, al ver que España es sombra

de la que al mundo domara,

al ver políticos viles

que la oprimen y desgarran;

al ver tan gran decadencia

en nación antes tan alta,

dije, ocultándome el rostro

en las vueltas de mi capa:

¡Canción, aún hay quien te sienta;

lanza tu son: ¡Viva España!

---

[104]   *Romancero Aragonés.* Zaragoza: 1972, Talleres Editoriales El Noticiero, Ed. de Gella Iturriaga, p. 272.

SE TERMINÓ DE IMPRIMIR ESTA EDICIÓN DE
JOSÉ MARÍA SÁNCHEZ-VENTURA,
NOTARIO Y MINISTRO

EL DÍA 1 DE MAYO DE 2024,
FESTIVIDAD DE SAN JOSÉ OBRERO,
EN LOS TALLERES DE TONI BURGUERA S.L.U.

LAUS DEO VIRGINIQUE MATRI